leven en werken van

de Kabouter

'Ik heb tot mijn verwondering gehoord, dat er mensen zijn, die nooit een kabouter hebben gezien. Ik kan niet nalaten medelijden met die mensen te hebben. Ik ben er zeker van, dat er iets aan hun gezichtsvermogen hapert.'

Axel Munth

leven en werken van de Kabouter

VAN HOLKEMA & WARENDORF

Verantwoording

Na twintig jaar observatie menen wij thans onze ervaringen en studies op papier te mogen zetten, uiteraard na toestemming van een daartoe gemachtigde raad van kabouters, die echter vijf jaar nodig had om te beslissen. Wij geloven dat dit boek in een leemte voorziet*. Het gaat over Kabouters of Boezemannen, zoals zij in een haast vergeten woord ook genoemd worden, en zij zijn de nachtwerkers in het bos en soms in uw huis. Niet voor niets is het woord kabouter afgeleid van Kobold, dat weer is opgebouwd uit Kuba-Walda, hetgeen 'huisbestuurder' of 'huisgeest' betekent, in duits-germaanse stam tenminste. Aardiger is het om dichter bij huis te blijven: Boes betekent 'deel van de koestal', en in de daksparren daarvan wonen de boezemannen, die, mits goed behandeld, een oogje in het zeil houden voor het welzijn van hof en levende have. Mogelijk is er verband met het woord 'boezelaar'. Boezelen betekent redderen (nevenvorm beuzelen), ofwel 'kleine werkjes verrichten', al dan niet met een boezelaar of boezeroen voor.

In ieder geval was de boezeman of kabouter in Europa, Rusland en Siberië een geaccepteerd lid van de maatschappij. Van hoog tot laag zag iedereen hem regelmatig, werd door hem beloond, bestraft, geholpen of geplaagd, èn vond dat normaal.
Dat was toen de wateren nog helder waren en de bossen ongerept en eindeloos; toen de wegen vredig en stil van nederzetting naar nederzetting liepen en vandaar naar onbetreden gebieden voorbij de horizon; toen de hemel nog slechts vogels en sterren bevatte.

Sindsdien is de kabouter teruggedreven naar schuilhoeker onder en boven de grond, waar hij zich aan onze waarneming onttrekt, zo zelfs, dat het geloof aan zijn bestaan geducht getaand is. Maar als u in een weiland nie heel goed kijkt zult u daar geen haas zien liggen, en evenmin zult u in een bos een hert, ree of wild varken tegenkomen, tenzij u doodstil bent. Evenzo vergaat het u met het kaboutervolk: u ziet ze niet, maar ze zijn er wel! Nu we aarzelend op de goede weg zijn om te redden wat e van de natuurlijke schatten te redden valt, bestaat de hoop dat de kabouter zich weer vrijer zal gaan bewegen. Steeds

ıeer mensen ontdekken dat zij nog een verwaarloosde ıaar vergevingsgezinde, geduldige en wijze moeder ebben: de Natuur. Deze mensen zullen ongetwijfeld abouters ontmoeten. Vandaar dat wij hen dit boek anbieden: ze zullen meer genieten en minder fouten ıaken, want kabouters zijn zeer gevoelig.

angezien zij ook uiterst terughoudend zijn als men ıdringend iets van hen te weten wil komen, zijn er ellicht hiaten en onvolkomenheden in dit werk. Vaardevolle aanvullingen van lezers worden derhalve dankbaar ingewacht. Zij zullen in volgende drukken met bronvermelding verwerkt worden.

In dit boek ligt het zwaartepunt op het leven van de *boskabouter,* hoewel de andere soorten ook ter sprake komen. Omdat de kabouter een nacht- en schemerwezen is hebben wij onze onderzoekingen in nacht- en schemerlicht moeten verrichten.

Zouden de afbeeldingen aan die waarnemingen getrouw zijn weergegeven, dan zouden de platen in dit boek blauw of dofgrijs geworden zijn. Om dat te vermijden zijn zij nu gekleurd alsof het helder licht was.

Wil Huygen

Zoals menigeen zich zal herinneren werd in 1936 uit een Tjechisch eer het lijk van Ian Holeček opgevist. Deze veelbelovende jonge ıderzoeker had een regeringsopdracht om het leven der kabouters te estuderen. Zijn weduwe heeft ons zijn aantekeningen ter inzage egeven. Er stonden echter zoveel fouten in dat wij ze aan haar hebben ruggezonden.

De omvangrijke verhandeling: DE HOMINIBUS PARVISSIMIS (over de allerkleinste mensen) van Wilhelm J. Wunderlich uit 1580 behelst een aantal frappante details. Helaas worden echter in dit werk kabouters zó vaak met dwergen en dubieuze sprookjesfiguren verwisseld dat de betrouwbaarheid van het geheel er te veel onder geleden heeft.

Geschiedenis

Rond 1200 na Chr. vond de zweed Fredrik Ugarph in het toenmalige Nidaros (thans Trondheim, Noorwegen) in een primitieve visserswoning een gaaf, gepolychromeerd houten beeldje van vijftien centimeter hoogte, het sokkeltje niet meegerekend.
In dit voetstukje stond gegraveerd:

NISSE
Riktig Størrelse

hetgeen betekent: Kabouter, ware grootte.
Het beeldje was sinds mensenheugenis in de vissersfamilie, maar Ugarph slaagde er na dagenlange onderhandelingen in het te kopen. Het bevindt zich thans in de particuliere kunstverzameling van de familie Oliv te Uppsala.
Röntgenologisch onderzoek van koolstofatomen in het hout heeft aangetoond dat het ouder dan tweeduizend jaar is. Het moet uit de wortels van een onbekende boom gesneden zijn, gezien de onvoorstelbare hardheid van het hout. De letters zijn er vele eeuwen later in gekerfd.
Deze vondst toont aan wat de kabouters zelf ook vertellen: hun oorsprong is vroeg-Scandinavisch.
Pas na de Grote Volksverhuizingen die 395 na Chr. begonnen, duiken zij in de Lage Landen op, waarschijnlijk toen Britannia kort na 449 aan de Angelen, Saksen en Jutten ten prooi viel. Deze volkeren kwamen van de Elbe-monding en vielen het toenmalige Engeland van uit zee, gedeeltelijk via de Nederlanden aan.
De gepensioneerde Romeinse sergeant Publius Octavus bezat in het laaglandbos buiten Lugdunum (Leiden*) een villa met boerenbedrijf. Hij had een vrouw uit de streek getrouwd en was niet naar Rome teruggegaan. Bij toeval ontsnapte zijn bezitting aan de verwoesting door de barbaren.

het beeldje in Uppsala

* Helemaal juist is dit niet. Het 'Lugdunum Batavorum' lag verder westelijk aan zee dan het Leiden van nu. Het woord 'Leiden' is dan ook niet afgeleid van Lugdunum, maar van 'Liden', dat 'aan de Weteringen' betekent.

Van hem is deze beschrijving bewaard gebleven, daterend uit het jaar 470 na Chr.:

'Hodie oculis meis ipsis homunculum vidi. Pileum rubrum et tunicam caeruleam gessit. Habuit barbam albam et bracas viridas. Dixit annos vix XX habitare in partibus meis. Verba nostra fecit mixta cum verbis extraneis...'

(Vandaag heb ik met mijn eigen ogen een miniatuurmensje gezien. Hij droeg een rode muts en een blauw hemd. Hij had een witte baard en groene broek. Hij zei dat hij amper twintig jaar in dit land woonde. Hij sprak onze taal, vermengd met vreemde woorden...
Sindsdien heb ik vele malen met het kleine mannetje gesproken. Hij zei me dat hij afstamde van het ras der Kuwalden, een woord dat wij niet kennen, en dat er maar weinig van hen op de wereld waren. Hij dronk het liefste melk. Ik heb hem herhaaldelijk ziek vee in twee dagen zien genezen.)

In de chaotische tijden tot 500, waarin Odoacer, koning der Germanen, in 476 de laatste keizer van het West-Romeinse Rijk afzette, moet de kabouter zich in Europa, Rusland en Siberië verbreid, gestabiliseerd en ingeburgerd hebben, hoewel exacte gegevens ons ontbreken, te meer daar kabouters zelf geschiedschrijving niet belangrijk vinden, althans doen alsof. Waarschijnlijker is het dat zij bepaalde boeken voor ons geheim gehouden hebben.

De eerder genoemde W.J. Wunderlich vermeldt dat in zijn tijd de kabouters al meer dan 1000 jaar allen in stand gelijk waren. Er bestonden geen rijke of arme, noch ondergeschikte of hooggeplaatste kabouters, behalve een door henzelf gekozen koning. Dit zou ook de reden geweest zijn waarom zij van de Volksverhuizing gebruik hadden gemaakt om elders met een schone lei te beginnen.
Tot zover klinkt zijn verhaal aannemelijk. Verderop zegt hij echter over de plattegrond van een kabouter-koningshof te beschikken, mét aanliggende goudmijnen. En als hij dan vertelt dat de arbeiders *dwang*arbeiders waren en soms in opstand kwamen wordt zijn betoog onhoudbaar.

Volgens onze eigen (zij het schaarse) gegevens moeten wij aannemen dat de kabouters geleidelijk aan vaker contact kregen met de mensen om hen heen en 50 tot 100 jaar vóór Karel de Grote (768-814) in onze maatschappij waren geïntegreerd.

volwassen mankabouter weegt
300 gram

de vrouw 250-275 gram →

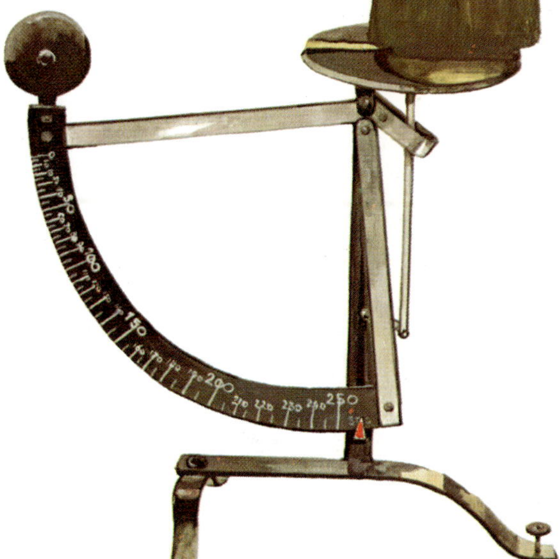

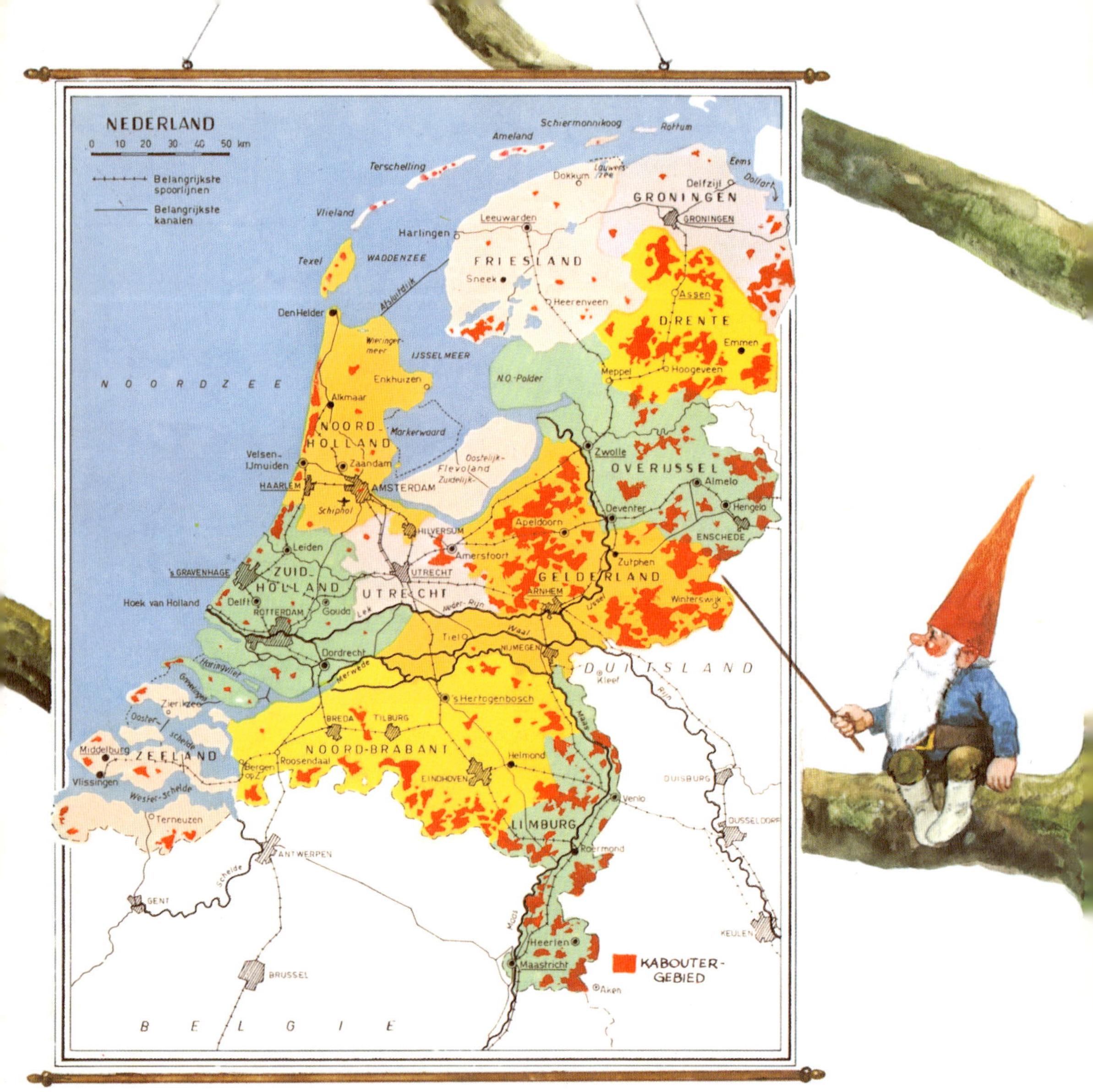

Verspreidingsgebied Nederlan

De grootste concentraties *boskabouters* treft men aan op de Veluwe, in Drenthe, Overijssel, Achterhoek en Zuid-Limburg (met een maximum van 15 per 100 hectare).

In vlaklandgebieden: spaarzame aantallen *boerderij-* en *molenkabouters.*

In de steden: verspreide *huis-* en *tuinkabouters.*

Langs de Noordzeekust: bijna uitsluitend *duinkabouters.*

Verspreidingsgebied Europa

Westgrens:	Ierse oceaankust.
Oostgrens:	Diep in Siberië.
Noordgrens:	Tot boven in Noorwegen, Zweden, Finland, Rusland, Siberië.
Zuidgrens:	Een lijn van de Belgische kust via Zwitserland, Balkan, bovenkant Zwarte Zee, Kaukasus, Siberië. Dit hangt samen met de kortere dagen en langere winters, die in de landen ten Noorden van deze laatste lijn bestaan.

Benamingen van de kabouter in verschillende landen:

Iers:	Imp (goblin)	Fins:	Tonttu
Engels:	Imp (goblin)	Russisch:	Domovoi Djèdoesjka
Belgisch:	Kleinmanneken	Servisch:	Kippec (Patuljak)
Duits:	Heinzelmännchen	Bulgaars:	Djudjè
Noors:	Tomte of Nisse	Joegoslavisch:	Patuljak
Zweeds:	Tomtebisse of Nisse	Tjechisch:	Skritek
Deens:	Nisse	Hongaars:	Manó
Pools:	Gnom		

voeten licht binnenwaarts gericht met oog op
razendsnelle voortbeweging (grashalmen e.d.)

BEJAARDE KABOUTERVROUW 346 jaar
(boven de 350 jaar vertoont ook zij een lichte baardgroei)

Uiterlijke verschijningsvorm

Er zijn mannelijke en vrouwelijke kabouters. In het dagelijks leven komt men vrijwel uitsluitend de mannelijke tegen, aangezien de vrouwelijke zich zelden buiten hun huizen wagen.

DE MAN draagt een rode puntmuts.

Hij heeft een voluitgegroeide baard, die lang vóór z'n hoofdhaar grijswit wordt.

Om zijn bovenlichaam draagt hij een blauwe kiel *) met Schillerkraag of Kaftanhals, welk bovengedeelte meestal door de baard aan het oog onttrokken wordt.

om zijn middel een

lederen gordel met tas waarin verschillende gereedschappen, zoals mes, hamertje, boortjes, vijlen enzovoort

Daarna volgt een bruinig-groene broek overgaande in

viltlaarzen

schoenen van berkebast

of klompen.

afhankelijk van het gebied waar ze wonen.

*) Het snoezige raadseltje uit de opera Hänsel und Gretel:

> Ein Männlein steht im Walde
> ganz still und stumm.
> Es hat von lauter Purper
> ein Mäntlein um.
> Sag wer mag das Männlein sein
> das da steht auf einem Bein?
> enz.

slaat *niet* op een kabouter, maar op een paddestoel, vermoedelijk een vliegenzwam. De verwarring is mogelijk ontstaan uit het niet-bewezen volksgeloof, dat kabouters zich in geval van nood in een paddestoel kunnen veranderen.

e gelaatskleur is die van de mens, meest met rode appelwangen, ooral op latere leeftijd.
e neus is recht, of licht wippend. De oogkleur is overwegend rijs, met enkele bruine varianten door inkruising met trollen n de oertijd.

de ogen worden omringd door talrijke kraaienpoten en lachrimpeltjes, wat niet wegneemt dat zij plotseling

* **doordringend-ernstig**

kunnen kijken.

kabouters zien ook niet zozeer het stoffelijk omhulsel van degene die zij voor zich hebben. Zij peilen zijn werkelijke IK en bekijken het landschap dat zich daar in de diepte voor hun ogen ontrolt zonder dat er geheimen overblijven.

Begroeting, vaarwelzeggen en goedenachtwensen

geschieden door de neuzen tegen elkaar te wrijven

men zegt dat dit gedaan wordt om dieper in de ogen van de ander te kunnen kijken. Waarschijnlijk is dit niet.

Het is gewoon een lief gebaar en kabouters hebben geen geheimen voor elkaar. Als hij trouwens iets of iemand van een afstand bekijkt is hij allang op de hoogte van wat zich daarbinnen afspeelt.

de opvallende kleding dient om hem in de nacht en schemering tegen grijpvogels te beschermen. Zij zijn met hem bevriend en zij zouden de zich snel voortbewegende kabouter voor een grote muis kunnen aanzien, maar herkennen nu op tijd de rode muts

Waarmee dus bewezen is dat vogels wel degelijk kleuren kunnen onderscheiden – iets wat door biologen tot op vandaag betwijfeld wordt.

aan de andere kant zijn die felle kleuren natuurlijk weer nadelig wanneer de hinderlijke elementen in het leven van de kabouter hem tegenkomen; marter ← **Bunzing**, hermelijn, kat, adder en horzel!

een grijpvogel

Bovendien beweegt hij zich zo razendsnel voort - als hij dat wil - ook op verre reizen, dat hij deze dieren in de sprint ver vóórblijft, behalve misschien de horzel*.

DE PRENTEN

De *prenten* (voetafdrukken) die de kabouter achterlaat zijn karakteristiek voor wie ze vinden kan. Want hij maakt tijdens het lopen slim en met een snel oog gebruik van steentjes, harde stukjes grond, mos, dennenaalden, die geen afdruk achterlaten. Soms maakt hij een cirkeltje, dan weer loopt hij in zijn eigen voetstappen terug, of gaat een eindje door de bomen verder. Merkt hij dat hij gevolgd wordt dan zal hij zeker een onderaardse gang opzoeken en daar geheel uit het zicht verdwijnen.
Een listig hulpmiddel zijn verder de laarzen waarvan de zolen het reliëf van een *vogelvoet* vertonen.
(Soms verraden ze zich echter door deze kleine ijdelheid, vooral bij beukeblaadjes; als u een blaadje op de grond ziet liggen met in het midden een heldere druppel slijm, dan is daar een kabouter langs gekomen die er van een afstandje precies midden op gespuugd heeft ten bewijze dat hij het nog kon.)

* Deze steekt echter alleen tussen zonsop- en zonsondergang en in die tijd zijn de kabouters vrijwel altijd binnen. Moet er toch een karwei of missie bij daglicht gedaan worden, dan smeert de kabouter zich in met het sap van de Nux Vomica, de Braaknoot, dat zelfs in geringe hoeveelheden hevige braakneigingen veroorzaakt, waardoor de horzel de lust tot steken spoedig vergaat.

de eerder vermelde kleding wordt zomer en winter zonder overjas gedragen, want de mannelijke kabouters zijn gehard tegen alle weersomstandigheden. Hoogstens kan men bij felle vorst een extra **borstrok** of **lange onderbroek** vermoeden

DE VROUW

is geheel in het grijs of mat-kakhi gekleed

Tot aan haar huwelijk draagt zij een groene muts waar haar vlechten onderuit komen.

meisje van 96 (verlegen!)

daarna verdwijnt het haar onder een Soort hoofddoek waarop een donkere puntmuts

vrou
va
31.

ook al heeft de kaboutervrouw Stevige borsten – de verminderde zwaartekracht Staat haar toe zonder bezwaar B.H.-loos door het leven te gaan.

bloes

rok tot op de enkels

vervolgens zwart/grijze kniekousen

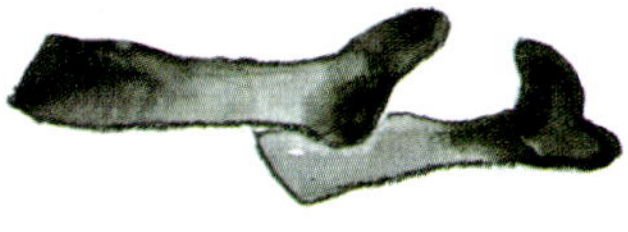

en hoge Schoenen of Sloffen

Alleen deze grijze kleur noopt haar al tot binnenblijven want uilen vergissen zich spoedig en kunnen met hun klauwen diepe wonden hebben toegebracht voor ze beseffen dat ze een kaboutervrouwtje te pakken hebben.

Het voordeel is dat wannéér een kaboutervrouwtje in het blikveld van een mens komt, hij de grootste moeite heeft om haar te onderscheiden, want er vindt ook nog een kameleonachtige kleuraanpassing tegen de achtergrond plaats. En àls zij gepakt wordt houdt ze zich bovendien dood.

De Muts

Aparte toelichting verdient de *muts*. Deze is gemaakt van vilt (lang uitgeklopt haar of wol). Hij is van de punt af massief tot op het hoofd en hij wordt nimmer afgenomen, behalve in de duisternis van de alkoof bij het slapengaan, en waarschijnlijk - hoewel wij dat niet hebben kunnen waarnemen - in bad, en dan nog zo kort mogelijk. Een kabouter zonder muts *is* geen kabouter en hij weet dat. Verwarde folklore wil dat de kaboutermuts een 'Tarnkappe' (verdwijnmuts) is, maar op de voorgrond staat dat niet. Eerder is hij te beschouwen als onmisbare bescherming van het hoofd tegen onverhoedse klappen van boven, vallend hout, eikels, hagelstenen en het grijpen door roofwild (zoals een hagedis zijn staart offert, zo zou een kabouter zijn muts aan een kat kunnen laten).
De kabouter voelt zich als INDIVIDU door zijn muts even sterk getekend als bijvoorbeeld door de vorm van zijn neus.

Kabouterkinderen krijgen hun muts al vroeg en zij houden hem hun hele leven. De daarbij noodzakelijke *groei* treedt op door slijtage aan de binnenkant en het met uiterste zorg aanbrengen van nieuwe viltlagen op de buitenkant. Dit laatste geschiedt om de zoveel jaar op een mal in de vorm van een hoofd.

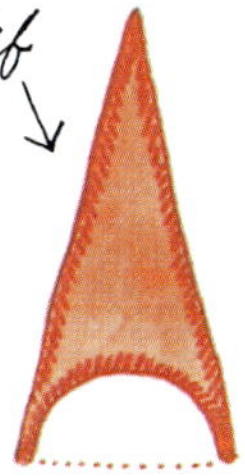

kabouter aan de **Mutsen-mal**
een karwei dat hij haat!!

liever wordt hij in z'n blote billen
gezien dan zonder muts

Lichaamsbouw

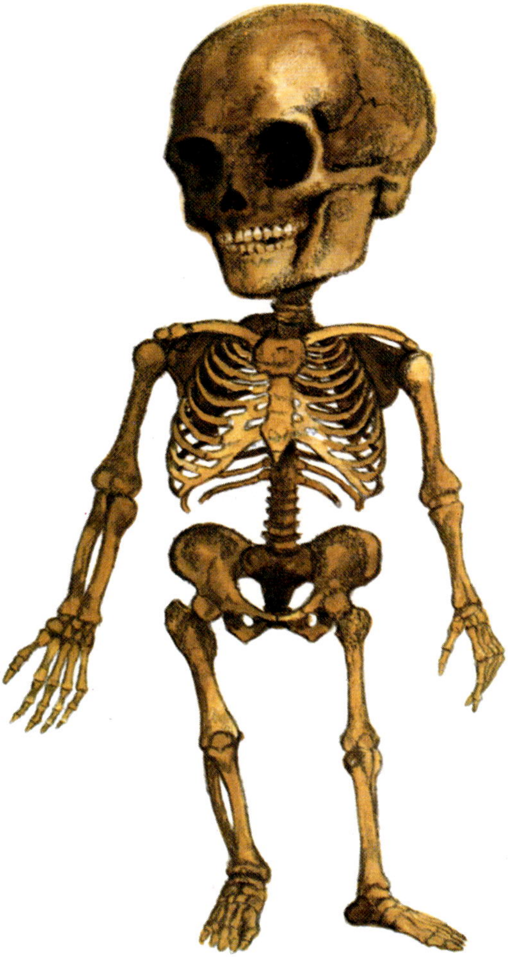

Skelet

Skelet
Spierstelsel
Circulatie-systeem
Hersenen + Zenuwstelsel
Spijsverteringsstelsel
Nier- en Blaassysteem
Ademhalingsstelsel
Bindweefsel
Huid + Haren
Bloed
Zintuigen
Hormoonstelsel
Geslachtsorganen

↖ Hersenschedel relatief groter dan bij de mens.
8 paar vaste en 4 paar zwevende ribben (bij de mens 7 en 5)
armen langer, benen korter
voetwortel- en middenvoets beentjes extra krachtig

De natuur heeft blijkbaar behoefte om vele van haar scheppingen in twee maten uit te voeren: paard en pony, hert en ree, rat en muis, haas en konijn, gans en eend. Evenzo treffen wij mens en kabouter aan, hoewel daar het verschil in grootte extreem is, wat de welhaast strenge overeenkomsten des te treffender maakt. Hierna volgt de beschrijving van de (geringe) verschillen in de lichaamsbouw van mens en kabouter.

Gans

Een

Spierstelsel

Omdat - van groot naar klein gaande - de inhoud van een voorwerp met de derde macht afneemt en de oppervlakte slechts met het kwadraat, beweegt zelfs een dikke kabouter zich veel gemakkelijker dan de mens (vergelijk olifant en vlo).
Kabouters kunnen dus veel harder lopen, relatief hoger springen en zijn zeven maal sterker dan de mens.
In de beenspieren bevinden zich enige extra-spierbuiken.

Een derde verschil met de mens ligt daarin dat de kabouter over rode en witte spieren beschikt. De witte zijn voor korte topprestaties. Zij maken gemakkelijk zuurstofschuld, die later door hijgen wordt ingelost. De rode zorgen voor het stayerswerk.

De bij de mens rudimentaire oorschelpspiertjes zijn bij de kabouters krachtig ontwikkeld, zodat hij zijn oren kan spitsen en in de richting van het geluid draaien.

kabouter de oren spitsend →

7 x zo sterk als de mens ...

Circulatie-stelsel

Hart relatief groot (topsporter, renpaard)

Kransslagaderen wijd en van prima kwaliteit (hartinfarct ondanks hoge leeftijd onbekend)

Hoeveelheid circulerend bloed hoger dan bij de mens (gehardheid tegen koude en uithoudingsvermogen)

Aderverkalking pas tegen het vierhonderdste levensjaar.

Hersenen en zenuwstelsel

Hersen-volume groter dan bij de mens

Spijsverteringsstelsel

Totale darmlengte groter dan bij de mens (kabouters eten geen vlees). Lever forser, galblaas kleiner. Galstenen komen niet voor.

Nier- en blaasstelsel

De urine kan een volle dag worden opgehouden.

Ademhalingsstelsel

Longen relatief groot en diep (hoge loopsnelheid, groot uithoudingsvermogen)

Bindweefsel, huid en haren

Bindweefsel uitermate stug en taai. Haren worden spoedig wit. Kaalheid komt niet voor.

Zintuigen

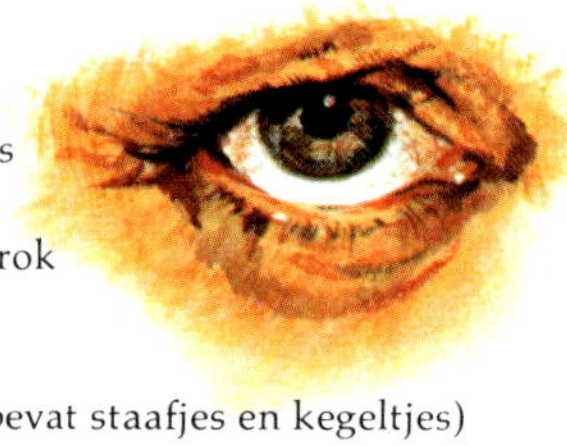

OOG
Hoornvlies
lens
harde oogrok
iris
glasvocht
netvlies (bevat staafjes en kegeltjes)

Gele Vlek (bevat 800.000 kegeltjes; bij de mens slechts enkele staafjes, waardoor wij 'n matig gezichtsvermogen in het donker hebben. De kabouter heeft echter ook in de Gele Vlek een dichte menigte staafjes, zoals de uil, en daardoor grote gezichtsscherpte in het donker. Bovendien laat de zeer flexibele pupil een maximum aan licht toe)

OOR
Uitwendige gehoorgang kort en wijd
oorschelpen relatief groot
trommelvlies altijd schoon
oorschelpen kunnen gespitst en gedraaid worden
niet lawaaidoof
overbrenging naar hersenen met groter electrisch vermogen

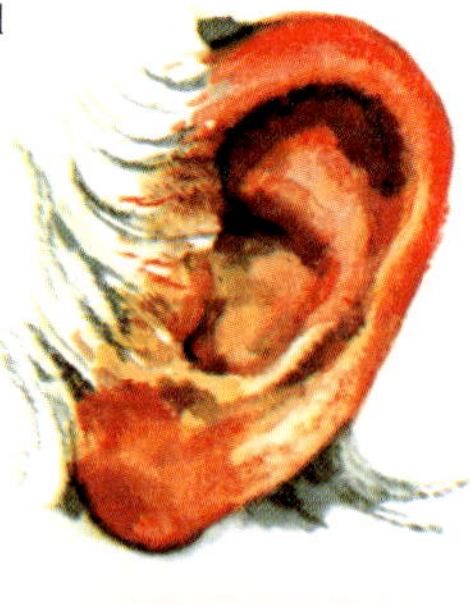

REUK
Reukslijmvlies breidt zich in alle neusbijholten uit, waardoor enorme oppervlakte-vergroting in vergelijking met de mens
Zie ook bij 'Reuk-Wereld'

Radio-lampschakeling bij overbrenging van reukprikkels naar hersenen (= hond en vos)

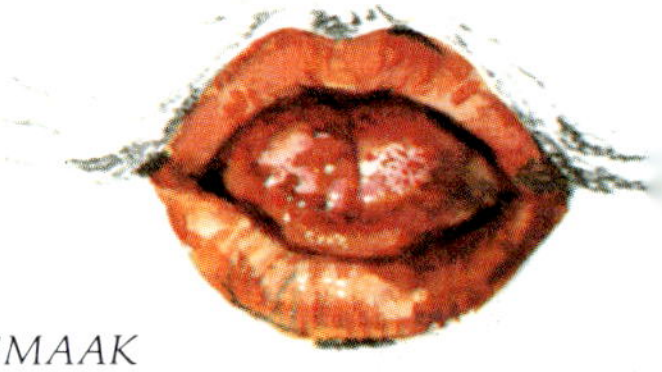

SMAAK
Evenals bij de mens slechts vier kwaliteiten waarneembaar: zoet, zuur, zout en bitter. (De rest wordt v neusslijmvlies 'geproefd')

TASTZIN
Gelijk aan de vingertoppen van een blinde.
Vingerafdrukken overwegend van het draaikolk-patroontype.

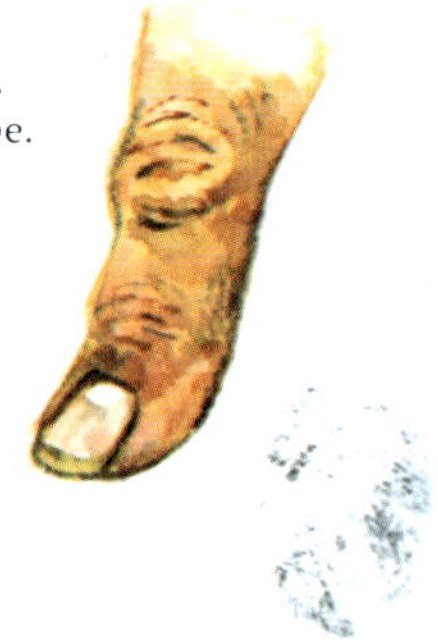

De Reukwereld

:venals de dieren 'ziet' de kabouter een groot deel van de vereld door zijn neus. Zelfs als hij blind en doof zou zijn, ou hij in een bos weten waar hij is en wat zich om hem een afspeelt, omdat hem bij iedere stap herkenbare geuren tegemoet komen.
)e mens heeft dat vermogen niet meer. Iets van dat erloren paradijs kan hij nog navoelen als hij door een ente-lucht, door bloemgeuren, onbestemde geuren in oude lorpjes of de lucht van de zee plotseling in zijn jeugd of n gelukkiger dagen terug is.
3ij de grote-stadsmens dient de neus alleen nog voor het vaarnemen van grove geuren zoals brand, parfum, oedsel, keukenaroma's, okselluchten en uitwerpselen.

Naar de neus echter altijd nog goed voor is, dat is voor het proeven' van smaken. Immers, behalve zoet, zuur, zout en itter, die door de tongpapillen worden waargenomen, vordt de overige mondkost geheel door het neusslijmvlies ichterom' via de keel-neus-holte, beoordeeld (zie bij MAAK).

3ij vrijwel alle dieren (ook vissen en insecten) is het eukorgaan echter even belangrijk of belangrijker dan og en oor. Hun fijne snuffelneus dient voor het opzoeken an voedsel (hyena tot 10 kilometer), voor het beoordelen aarvan (de hond heeft achter zijn tanden ook nog een eukorgaan *in* zijn mond), voor de sex (bij vlinders tot 11 ilometer), voor het herkennen van vriend en vijand, voor et terugvinden van het eigen spoor en voor oriëntatie in nbekend terrein. Kortom, de neus verschaft aan een atuurwezen doorlopende informatie die wij moeten nissen. Ons neusslijmvlies is er niet groot genoeg meer oor. Het ligt hoog in de neusholte en beslaat 5 cm^2; dat an een herdershond beslaat 150 cm^2; dat van een kabouter uim 60 cm^2 (oppervlaktevergroting door plooivorming).

Of, in reukzintuig*cellen* uitgedrukt:

Mens:	5 miljoen
Dashond:	125 miljoen
Foxterrier:	147 miljoen
Herdershond:	220 miljoen
Kabouter:	95 miljoen

De kabouter zou dus 19 maal beter moeten ruiken dan de mens. Metingen met de Olfactometer tonen echter aan dat het ruim 100.000 maal beter is, omdat zijn zintuigcellen ook nog van betere makelij zijn, evenals die van vos, ree, hond, etc.*

* Het ruiken van iets berust op het in de neus krijgen van een aantal moleculen van die stof. *Voorbeeld:*
Het waarnemen van voetsporen vindt plaats dankzij het *Boterzuur.* Boterzuur is een sterke geurstof, die door mens en dier via de voetzool (ook oksels en gehele huid) wordt uitgezweet. Een leren schoenzool laat het gemakkelijk door en zelfs dik rubber is er na 48 uur mee verzadigd. Bij iedere stap dringen enige miljarden boterzuurmoleculen door de zool heen, genoeg om door dier en kabouter waargenomen te worden. Sterker: zij weten of het spoor van links naar rechts of omgekeerd loopt. Volgen zij het in de verkeerde richting, dan merken zij na tien tot twintig meter al, dat de geur door het verdampen van de boterzuurmoleculen flauwer wordt, en keren om.
Een goede neus kan een onbeperkt aantal geuren waarnemen en wel van zoveel levende wezens als er op aarde zijn. Om er enkele van de kabouter te noemen: hij ruikt de boomsoorten, kruiden, grassen, struiken, mossen, alle kruipende, vliegende, warm- en koudbloedige dieren, stenen, water, metalen en bovenal natuurlijk alle activiteiten van de mens.

Het zou al mooi zijn als u in dit landschap het ree zag staan. Verder is er taal noch teken van enig ander wild.
Voor ons tenminste.
Voor de bezitter van een werkelijk goede neus is hier van álles te beleven.
Zie volgende bladzijde.

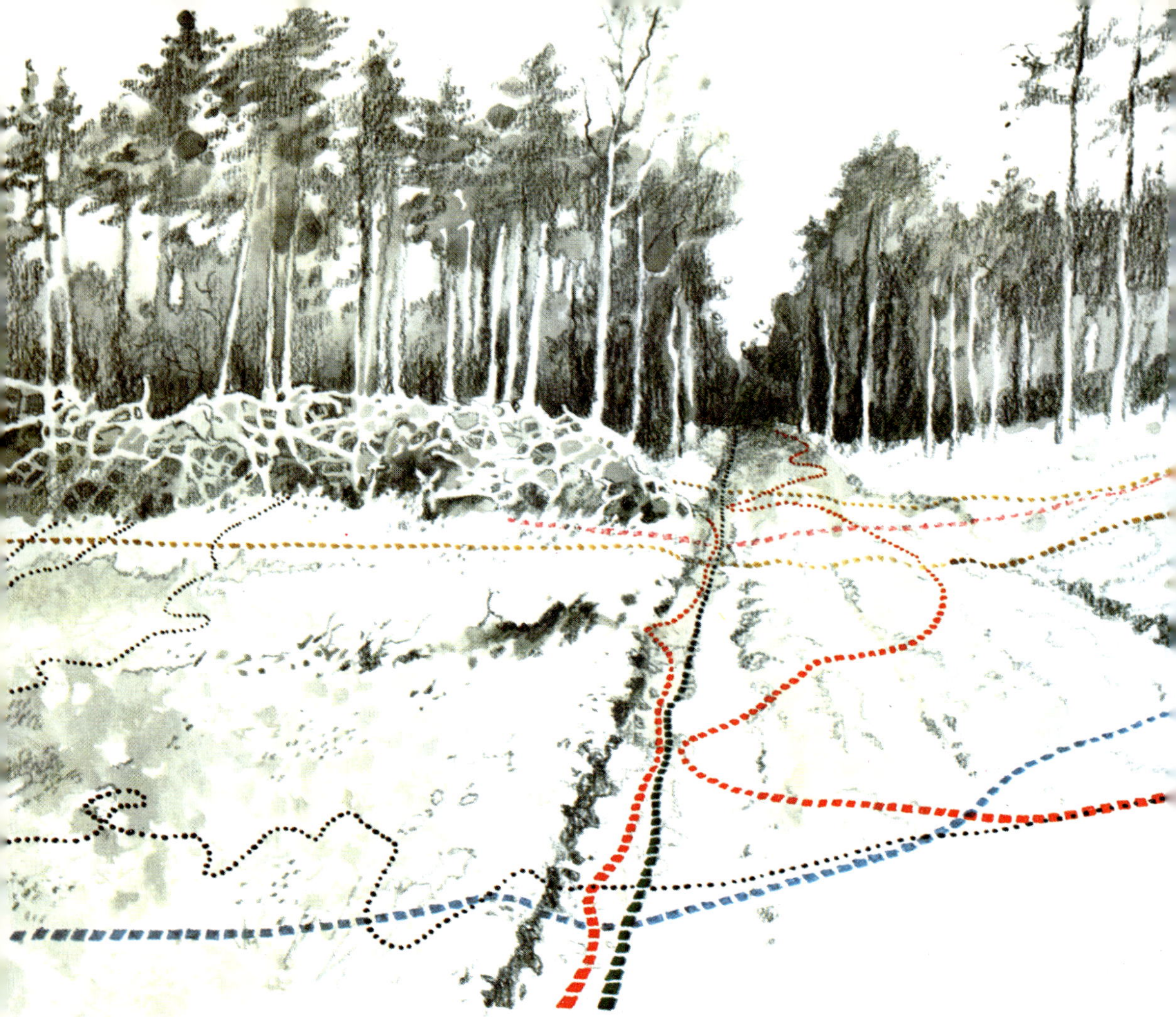

Hier 'kijken' we door de neus van een kabouter, bij het gloren van de dag op weg naar zijn huis.

Even waarneembaar als voor ons op een maagdelijke sneeuwochtend herkent hij op dit kiezelige bospad, zelfs in het pikkedonker, wat daar allemaal gelopen heeft:

tussen twaalf en half twee in de nacht een das (groene stippellijn)

rond drie uur een moervos (linker rode stippellijn), hier en daar van het pad afgeweken om even te neuzen

rond vier uur een tweede vos (rechter rode stippellijn), jonge rekel op vrijersvoeten

om half vijf een wild varken (keiler), terug van de wildweide (blauwe stippellijn)

de hele nacht doorhobbelend: konijnen (zwarte. stippellijnen)

rond kwart over acht de vorige avond naar de wildweide gegaan: twee herten (gele stippellijnen), zijn daar kennelijk nog, of zijn verder doorgetrokken

een kwartier tevoren aan haar ochtendroute begonnen: reegeit (rode stippellijn)

Dit zijn maar de hoofdzaken die de kabouter ogenblikkelijk opvallen. Talrijke andere bijzonderheden, zoals de passage van twee mollen, het traverseren van een wezel, het onnozele gehop van een haas, het wroeten van kevers, het stappen van fazanten en meer van dat kleingoed zijn niet met stippellijnen aangegeven omdat dat te verwarrend zou werken.

[Een neusverkoudheid kan kabouters dus danig uit hun humeur brengen.]

met de Wichelroede

ZESDE ZINTUIG EN TWEEDE GEZICHT

Woordloze communicatie over grotere afstanden (brand, aardbeving, overstroming)

Weersvoorspelling (onweer, storm, regen, hoge en lage drukgebieden)
Zie bij 'Kabouter en het weer'

Wichelroede-lopen

Richtinggevoel (= postduif, trekvogel)
Kompassen worden niet gebruikt. Krijgen zij er een cadeau, dan wordt het als wandversiering in de huiskamer opgehangen.

Hormonen en geslachtsorganen

Onderzoek op dit terrein was moeizaam. In de literatuur zwijgt iedereen er angstvallig over.
In het bloed van kabouters komt behalve het gewone adrenaline een type super-adrenaline voor dat hoge prestaties in kracht, uithoudingsvermogen en geslachtsdrift waarborgt.

De zg. Prostaglandinen (stoffen die in iedere lichaamscel bepaalde functies verbeteren) zijn in relatief hogere concentraties aanwezig.

Geslachtsorganen qua bouw aan die van de mens gelijk. De vrouw ovuleert maar éénmaal in haar leven. Hoe dat in z'n werk gaat, weten we niet, maar het is vermoedelijk circa 1500 jaar geleden door magische ingreep uniform bewerkstelligd.

Potentie van de man blijft tot boven het 350e levensjaar op hetzelfde niveau.

Ziekten.

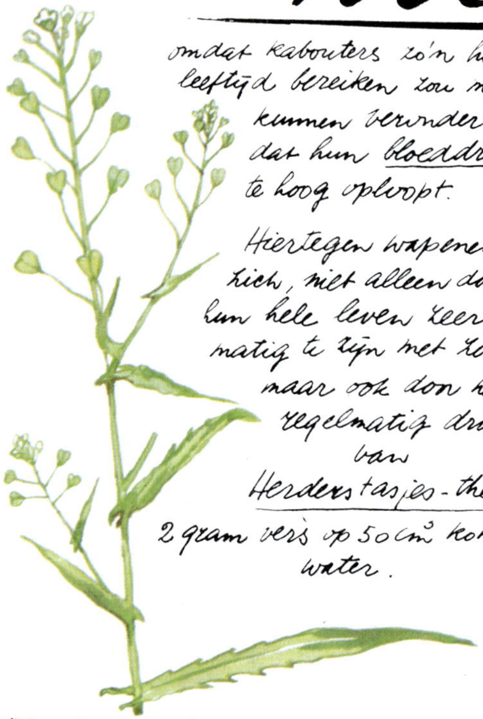

omdat kabouters zo'n hoge leeftijd bereiken zou men kunnen veronderstellen dat hun <u>bloeddruk</u> te hoog oploopt.

Hiertegen wapenen zij zich, niet alleen door hun hele leven zeer matig te zijn met zout, maar ook door het regelmatig drinken van

<u>Herderstasjes-thee</u>

2 gram vers op 50 cm³ kokend water.

Herderstasje

omdat de mannen in wind en weer verkeren en zich daarbij niet sparen hebben zij de neiging **rheumatische klachten** te krijgen.

Uitwendig gebruiken zij daartegen omslagen met <u>Arnica</u>

en inwendig thee van <u>gedroogde brandnetels</u>

Brandnetel

tegen <u>griep</u> en opkomende verkoudheden, alsmede alle infecties van de bovenste luchtwegen: <u>thee van Vlierbloesem</u>

als gorgelmiddel:

Brunel

Prunella vulgaris

(Zwarte) vlier

tegen <u>diarrhee</u> en buikloop:

Heulsap of Opium

hetgeen verkregen wordt door insnijdingen in de nog niet geheel rijpe papaverbol

Papaver

tegen slapeloosheid:
thee van dillezaad
of
Kamille

tegen darmgassen:
thee van Venkelzaad
Venkel

tegen darmverstoppingen:
elke dag een paar stukjes
Paardebloemenblad

Paardebloem

tegen aderverkalking:
dagelijks een blaadje
Duizendguldenkruid

Duizendguldenkruid

tegen depressies
landerigheid en zwakte
(komen overigens weinig voor):
thee van St. Janskruid
of van de witte tussen-
schotten van walnoten

Sint-Janskruid

tegen nierstenen
thee van jong
Berkeblad

Berkeblad

voor het overige kennen zij geen ziekten
van betekenis

Verwondingen

Bij een
Botbreuk
wordt de huid van buiten ingesmeerd met de Smeerwortel

daarna wordt het lichaamsdeel gespalkt met overlangs doorgezaagde vliertakken

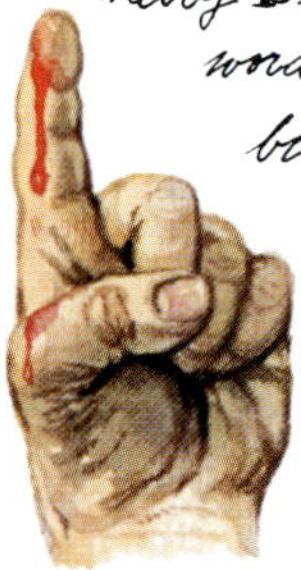

hevig **bloedende wonden** worden gestelpt met de bloedooievaarsbek

hiervoor is ook geschikt de
Kattestaart

WONDHECHTING

evenals bij ons met halfronde naalden en gekookte vlasdraden.
naalden en tangetjes worden tevoren in olie gekookt.
Ter verdoving wordt in de wond papavermelk gedruppeld

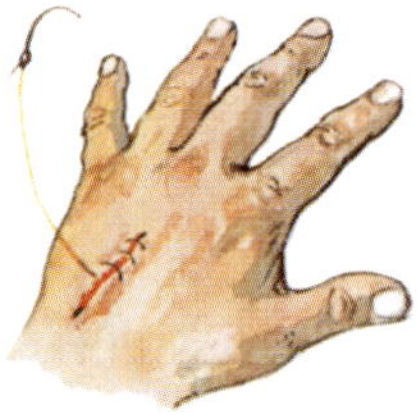

VOOR BRANDWONDEN

1e graad: insmeren met olie

2e graad: (blaarvorming) aftreksels van eike- of esdoornschors waar schone doeken mee doordrenkt worden en dan op de wond gelegd. (Kabouters weten al van oudsher, dat met een heet strijkijze gestreken en daarna gevouwen doeken geen infecties in wonden geven

3e graad: geen opgave (komt niet voor)

VOOR STEENPUISTEN:
aftreksel van **RANONKEL** (anemone pratensis L.)

Verstuiking, Verdraaiing, Spierletsels:

Arnica, zalf en bladeren

Verder als bij beenbreuk

Insectenbeten:

Azijn (uit gegiste vruchten) **Ledum**-*aftreksel (Ledum-Palustre) opbrengen*

Horzelsteken:

lichaamsdeel afbinden en steekkanaal open-snijden, langdurig uit laten bloeden

Slangenbeten:

lichaamsdeel afbinden, bijtwonden opensnijden en uitzuigen.

Lukt dit niet of ontstaat er toch nog levensgevaar, dan snel vervoer naar een kabouterkoningshof, waar een Ganisan werkzaam is, een halve toxnaar die over tegengif beschikt

Vervoer van Gewonden

Als een kabouter zodanig gewond is, dat hij zich niet meer verplaatsen kan, is hij gedwongen de hulp van andere kabouters in te roepen. Hij doet dit door een bepaalde staccato-fluittoon, die hij van zijn vader geleerd heeft. Dit zeer speciale fluitsignaal wordt alleen voor deze nood-situaties bewaard. Misbruik komt niet voor. De kabouters die het opvangen, rennen op topsnelheid naderbij en helpen hun gewonde makker door hem op een van twee stokken vervaardigde draagbaar naar zijn huis te vervoeren.

Is de toestand van de patiënt urgenter, dan wordt het 'vervoer voor spoed-eisende gevallen' ingeschakeld. Eén van de te hulp gesnelde kabouters gaat op zoek naar een fazantehaan, die hij met een eveneens speciaal daarvoor bestemde fluittoon spoedig vindt. Ondertussen hebben twee anderen van berkerijs of andere jonge toppen een draagbaar gevlochten (duur: 10-15 minuten). Om hoofd- en voeteneinde wordt een gordel geslagen, die met een derde gordel in het midden verbonden wordt, welke om de hals van de fazantehaan past. Daarna gaat deze snelle, sterke vogel in looppas naar een van de Ganisans (half tovenaar, half geneesheer) aan het dichtstbijzijnde koningshof. Zonodig kan hij tussenliggende wateren of gevaarlijke zones vliegend overbruggen.

De **Leeftijdsduur** van kabouters is gemiddeld **400** jaar.
Hun erffactoren zijn zuiver uitgemendeld.
Hun levenswijze is gezond;
Zij eten niet teveel;
Zij hebben geen aan de wortel van de ziel knagende zorgen;
Ze nemen veel beweging.

Ze roken niettemin pijp...
en schuwen zwak-alcoholische dranken niet!

verloofd paartje op een feestje

de pijp staat bij het roken op de grond.

borrel„glaasje" van hertshoorn

Veroudering

Tenslotte is toch ook het kabouterleven eindig. Boven de 400 wordt hij in snel tempo stijf en vergeetachtig. De andere kabouters respecteren dit voorbeeldig. Daarna gaat de geschrompelde grijsaard neiging tot zwerven vertonen. Ook zijn vrouw doet hieraan mee, omdat ze ongeveer even oud is. Het huishouden begint te lijden, het huis raakt in verval, wordt vies en somber. Op een zekere nacht komen ze van hun dolende ommegangen niet meer terug. Ze zijn de geheime reis naar het nimmer door mensenogen aanschouwde sterfgebergte begonnen en vinden dat met de zekerheid van een trekvogel, als ze tenminste onderweg niet door roofwild gegrepen worden.
Zodra zij gestorven zijn begint hun geboorteboom dode takken te krijgen, tenzij hij door meerdere kabouters gebruikt wordt (zie *Tijdberekening*).

Zeer zelden komen hogere leeftijden voor, met als hoogste uitzondering een echtpaar in de Balkan, voor wie honderden jaren lang door talloze generaties van één boerengeslacht een kommetje yoghurt in de stal werd gezet, en die 550 jaar oud geworden zijn. Zij hadden ieder een olijfboom aan de Adriatische zee.

Soorten

Er zijn: Boskabouters, Duinkabouters, Tuinkabouters, Huiskabouters, Boerderijkabouters, Siberische kabouters.

Boskabouter

De *boskabouter* komt waarschijnlijk het meeste voor. Dit is moeilijk uit te maken, omdat hij zich ongaarne aan de mens vertoont, en talloze ontsnappingsmogelijkheden heeft. Zijn uiterlijk beantwoordt aan dat van de gewone kabouter.

Duinkabouter

De *duinkabouter* is een fractie groter dan de boskabouter. Ook hij vermijdt menselijk contact. De kleding is soms merkwaardig vaal. Het vrouwtje is niet grijs maar khaki-kleurig.

Tuinkabouter

De *tuinkabouter* beantwoordt aan het gewone type. Hij houdt zich in oude tuinen op, zelfs die welke door stadsuitbreiding zijn ingeklemd tussen nieuwbouw. Hij is meestal aan de sombere kant en vertelt graag weemoedige verhalen. Wordt het hem te benauwd, dan verhuist hij naar het bos. Hij heeft echter meestal een aanzienlijke eruditie en krijgt het dan in het bos niet altijd even makkelijk.

Boerderijkabouter

De *boerderijkabouter* komt overeen met de huiskabouter, is echter gestadiger van geest en gelooft liefst aan zaken waaraan niet meer getornd hoeft te worden.

Huiskabouter

De *huiskabouter* is een soort apart. Hij ziet er wel uit als een gewone kabouter, maar hij heeft de meeste mensenkennis. Door het verblijf in oude en historievolle huizen heeft hij veel gehoord en gezien, of het nu arme of rijke woningen betrof. Hij spreekt en verstaat het beste de mensentaal en uit zijn geslacht worden de Kabouterkoningen gekozen.

Alle bovengenoemde kabouters zijn goedig van aard, bereid tot een lolletje of een kleine plagerij, maar nooit kwaadwillig, een heel enkele uitzondering daargelaten. Is een kabouter werkelijk sléchte, wat niet meer dan een op de duizend voorkomt, dan is dat door inkruising van vreemde erffactoren, bijvoorbeeld op zeer afgelegen plaatsen.

Siberische kabouter

De *Siberische kabouter* is daar nog het meeste door beïnvloed. Hij is centimeters groter dan de Europese en gaat te veel met Trollen om. In bepaalde streken is daar geen enkele kabouter te vertrouwen. Hij neemt represailles bij het minste of geringste dat hem niet bevalt, in de vorm van het doden van vee, het veroorzaken van misoogsten, grote droogte, abnormale koude enzovoort.
Wij zullen hem verder buiten beschouwing laten.

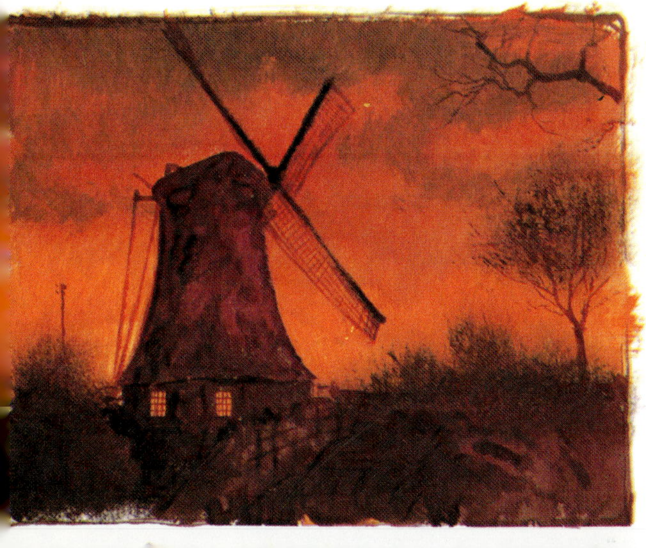

een enkele maal komt het voor dat een kabouter-gezin een molen bewoont.

Tijdberekening

Koekoeks
klo

Kabouters hebben een eigen, geheime tijdmeting, die op kosmische schommelingen is afgesteld. Wat voor hen de gewoonste zaak van de wereld is, bijvoorbeeld het voorspellen van droge of natte periodes, strenge of zachte winters, berekenen zij aan de hand daarvan op lange termijnen.
Daarbuiten gebruiken zij onze tijd. Sommige hebben zilveren of gouden horloges en in alle huizen hangt een koekoeksklok. Dit is het huwelijksgeschenk voor de man.

Hun leeftijd houden zij bij doordat er voor hen bij hun geboorte een boom wordt geplant door een eikel in de grond te stoppen. Is er toevallig in een of ander dorp een linde rond diezelfde tijd geplant dan willen zij die ook graag gebruiken.

Zodra het boompje groot genoeg is, wordt het door de ouders met Runen gemerkt.
Het afschrift daarvan wordt in een gladde steen of kleitablet gegrift, die de betreffende kabouter op zijn 25e jaar cadeau krijgt en gedurende zijn hele leven op een geheime plaats bewaart.
Zeer oude en grote eiken dragen vaak de Runen van meerdere kabouters, die in hetzelfde jaar geboren zijn.

Hun geboorteboom bezoeken zij ieder jaar tijdens de midwinterzonnewende en maken er dan een merktekentje op. Soms wonen zij er onder. Op deze manier kunnen zij, mochten ze twijfelen, steeds hun leeftijd opnieuw bepalen.

Het menselijk bijgeloof

" Boompje groot, plantertje dood "

Schuiven zij lachend terzijde. →

Wel zijn zij buitengewoon droevig als hun boom door de mens gekapt wordt, maar vergeten intussen niet terstond een andere te planten of uit te zoeken, en de telling van daar af te laten verdergaan.

De door hen aangenomen bomen worden nimmer door bliksem, storm of ziekte geveld.

Pas als de kabouter zelf sterft gaat de boom tekenen van verval vertonen, tenzij hij door meerdere kabouters als geboorteboom gebruikt wordt.

Verjaardagen worden niet gevierd. Een kabouter houdt een vaag omlijnde, meerdere weken durende periode aan, waarin hij met rustige feestjes herdenkt dat hij weer een jaar ouder geworden is. Op verzoek van vérafwonende vrienden is hij bereid deze verjaarweken ongelimiteerd uit te breiden.

Voortplanting

Tegen zijn honderdste jaar begint een kabouter aan trouwen te denken, hoewel een klein aantal ongehuwd blijft.
De jeugdige kabouter zoekt zich een meisje. Hij moet daarvoor vrij aanzienlijke afstanden afleggen, omdat kabouters niet dik gezaaid zijn (in een uitgestrekt dorp als Soest niet meer dan 5 echtparen, met nog 5 in de boerderijen rondom) en het aantal huwbare meisjes van zijn leeftijd die geen directe familie zijn, nog minder. Gezette vrouwtjes met ronde vormen genieten de voorkeur.

Als hij er een gevonden heeft, probeert hij haar door tal van attenties voor zich te winnen en trouwt zodra hij het met zijn schoonouders eens geworden is. Het aanstaande huis wordt daarbij door zijn schoonvader aan een rigoureus onderzoek onderworpen.

Het Huwelijk

is een eenvoudige ceremonie (vorstelijke personen uitgezonderd)

De beide jongelieden beloven elkaar eeuwig trouw en wel te middernacht bij de geboorteboom van het meisje onder aanwezigheid van de beide ouderparen en enige intieme vrienden*.

* Dit gebeurt altijd bij volle maan. Wanneer de maan door een wolkendek onzichtbaar blijft en het te donker en daardoor te weinig feestelijk is dragen zij lichtgevende kapjes met een rugsleepje, die door glimwormen voor een paar uur fluorescerend gemaakt zijn. Deze kapjes zijn geslachten-lang in de familie en mogen alleen voor plechtigheden gebruikt worden, te meer daar het voor de glimwormen telkens een heidens karwei is.

Daarna wordt het heugelijk feit met de datum in een siersteen gegrift. Vervolgens gaan allen naar het nieuwe huis van het jonge paar, waar de steen plechtig ingemetseld wordt.
Dit nieuwe huis heeft de man al jaren van te voren ingericht
(zie Woningbouw)

↑

na een feestmaal vertrekt het jonge paar voor de huwelijksreis

de huwelijksreis wordt van te voren
met een aantal dieren besproken met
het oog op het vervoer en de
veiligheid. Wilde ganzen →
zwanen, kraanvogels...

.... vossen, otters,
en in Siberië
wolven,
nemen telkens
een stuk voor hun
rekening

Ze overnachten in holle bomen, konijnenholen en onbewoonde vogelnesten.

Op de terugreis brengt het paar een bezoek aan het hof en wordt aan hun koning en hun koningin voorgesteld, die graag al hun onderdanen bij name kennen.

uit het nu ontstane
ouderpaar wordt langs
volkomen natuurlijke weg
één twee-eiige Tweeling
geboren. De duur van de
zwangerschap is twaalf maanden.
Vroeger - meer dan 1000 jaar terug -
waren de gezinnen groter tot tien
of twaalf toe.
Door een magische invloed, waarover
de kabouters niet willen spreken, is
dat nu niet meer het geval.

...et kunnen dus 2 jongetjes, 2 meisjes, of een meisje en een
jongen zijn.

aangezien kabouters niet aan ziekten overlijden blijft hierdoor
het totale bestand ongeveer gelijk, met een kleine tendens tot
vermindering, door de enkeling die ongetrouwd blijft en degenen
die het slachtoffer van roofwild of een ongeluk worden.

de kinderen zijn pas op hun twaalfde zindelijk, ze blijven
100 jaar bij de ouders in huis.

Zijn het dochters dan laat de
kaboutervader de opvoeding daarvan
aan zijn vrouw over en beperkt
zich er toe ze op zijn knie te laten rijden

of verhalen te vertellen,

of houten beestjes voor hen te snijden

en spelletjes te doen...

Heeft hij zonen - of één zoon, dan neemt hij die vanaf zijn dertiende jaar mee naar buiten en leert hem de talrijke zaken die een kabouter weten moet, zoals daar zijn:

KENNIS van paddestoelen en kruiden, van eetbare en vergiftige planten, kennis van roofwild en bevriende diersoorten.

opvoeren van **Loopsnelheid** (tot ongeveer die van een haas)

Vluchtmogelijkheden (in open terrein het zogenaamde Hakenslaan = zigzaggend weglopen. In bossig gebied het gebruik maken van mollengangen, konijnenpijpen, ondergrondse waterlopen etc

Het **Wichelroede-lopen**. Iedere kabouter hanteert de wichelroede voor het opsporen van water, schatten en aardstralen.

Hij leert hem ook het schrille **Gefluit** waarmee kabouters elkaar tot op zeer grote afstand bij gevaar kunnen waarschuwen!

Verder het hanteren van een metalen spiegeltje om in geval van nood (want zij schuwen zonlicht) zonnestralen en manestralen te laten doorkaatsen en aldus boodschappen over te brengen.

ngen
an 81
egint nu
ardig te
krijzen →

Binnenshuis wordt de jeugdige mannelijke kabouter in alle knepen van het **Houtbewerkings- en Schildersvak** onderricht.

In de gemeenschappelijke smederijen en pottebakkerijen (die op centrale plaatsen in bos en veld zijn gemaakt en door ongeveer tien of twaalf kabouters worden gebruikt) leert hij nooit genoeg (zie bij Huisvlijt).

Op zijn vijfenzeventigste wordt een kabouterzoon door zijn vader voorgesteld aan de leden van de regionale raad, waarvan hij er al een aantal kent. Dit ontaardt soms in een soort ontgroening, waarbij de jongelingen het een paar nachten moeilijk krijgen, maar tenslotte beloond worden met opname in het register en algemene verbroedering.

meisjes worden
door hun moeder
en de buurvrouwen
in de naaste
omgeving
opgevoed.

Zij leren koken, Spinnen, breie
op hun hoede zijn voor roofwild
kortom alles wat een vrouw
moet weten om een huis
te kunnen besturen.

Een van de telkens
weerkerende pretjes
is konijnenjongen i
de buurt knuffelen
of de fles geven.
Zeker als de moede
door de mens of doo
roofwild omgekomen is.

Nadat de kinderen het huis verlaten hebben is de kabouter voorgoed met zijn vrouw alleen, wat beiden na een korte periode van eenzaamheid wel rustig vinden. Het familie-leven hoeft er niet minder gezellig of harmonisch om te zijn. Als er iets te vieren of te beleven valt, vinden kabouters elkaar toch van heinde en ver, en aangezien elk etentje of feestje altijd minstens drie dagen duurt, is er alle tijd om nieuwtjes uit te wisselen en langdurig te kletsen, te roken, te drinken, te eten en te dansen.

Als dansen worden de thans nog in Joegoslavië beoefende passen en cirkels, met hand- en laarsgeklap gebruikt. De vrouwen sieren zich met bloesems op, of met bessendragende takjes.

Speciaal voor de dansfeesten:

fraai geborduurd **Hesje** en „volks-dans" schoentjes

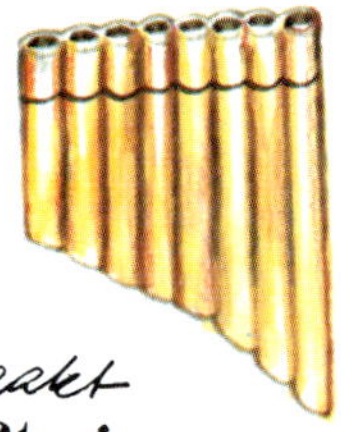

de „laars-klap" dans. de muziek daarbij wordt gemaakt met de **Panfluit**, **Tokkelinstrumenten**, héél soms een viool, uit het pijpbeen van konijnen of uit hout gesneden **fluitjes**,

en een met muizenvel bespannen **Trom**.

Zij zingen daarbij dunnetjes.

Op warme lente-avonden laten zij zich graag door een lijster voorzingen en gaan dan door met **dromerig-weemoedige variaties** op het gehoorde.

Dieper in de nacht, als de lijsters en merels slapen vindt het hardere, meer metalen-draad-geluid van de nachtegaal de meeste aftrek.

Woningbouw

De huizen der kabouters verschillen naar gelang van de plaats waar zij wonen.
De *bos-* en *tuin*kabouter huizen onder zware oude bomen.
De *duin*kabouter maakt een enkele maal gebruik van een verbouwd konijnenhol, ook wel van het wortelstelsel van de grove den. Als er stukjes van zijn huis door verstuiving bloot komen, dekt hij deze af met denneappel-lobben.
Vroeger toen het grondwater in de duinen hoger was, brachten de grove dennen pompelmoesgrote appels voort, die uitmuntende dakpannen leverden. Er is helaas nog maar een kleine voorraad van.
De *huis*kabouter kan een verblijf in de tuin bezitten, maar evengoed zich ergens tussen de muren genesteld hebben.
De *boerderij*kabouter kan onder de hooiberg wonen, hoewel hij daar voortdurend op bunzings bedacht moet zijn; of in een van de voorraadschuren; of onder de schuin gestapelde palen of planken tegen de muren, die daar soms twintig jaar achter elkaar precies zo blijven staan.
Vanwege het bunzing-, katte- en rattegevaar verkiezen zij toch meestal een stevig doortimmerd woninkje onder de daksparren, in de kap van het woonhuis of in een van de stallen.

Het Boomhuis

Vijftien tot twintig jaar voor zijn huwelijk begint de kabouterman aan zijn huis te bouwen. Om te beginnen kijkt hij uit naar een plaats in het bos of oude tuin, waar korst- of baardmos wil groeien. Dit is een teken voor hem dat de lucht daar zuiver is, want anders sterven deze mossoorten (uitlaatgassen e.d.)

met de wichelroede heeft hij de aanwezigheid van aardstralen uitgesloten.

Zo werkt de Bunzingval

Onderaan het eerste trapje bevindt zich de bunzingval – een omklapbaar vloergedeelte.
In- en uitgaande kabouters (ook bezoek) zijn te licht om het valluik te doen omklappen, maar fret, wezel, bunzing of rat, die begerig naar beneden duiken, duvelen door het luik.
(na een geduchte afstraffing worden zij weer op vrije voeten gesteld)

Vervolgens zoekt hij twee grote, niet te ver van elkaar staande eiken, desnoods beuken. Onder de wortels van de ene boom maakt hij een onbeduidende ingang op de zuidkant.

Vandaar graaft hij (met hulp van een konijn, zie ook verderop) een krom horizontaal gangetje onder de stam, dat na 30 cm. scherp naar beneden gaat, vervolgens horizontaal naar de tweede boom loopt en daar opnieuw omhoog naar het eigenlijke huis voert, dat straks het hele oppervlak onder de stam van de tweede boom gaat beslaan, en dat nu nog een door konijnen voor hem gegraven holle ruimte is, maar wel zo dat de boom er geen schade van ondervindt.
De hoofdrichting van het huis zal noord-zuid worden.

Waar het gangetje weer omhoog gaat maakt hij een tweede trapje, met leuning, naar boven. Terzijde komt een gong met slagwerk. Onder aan de trap ligt een dikke voetenmat.

A de gong
B voordeur
C de laarsruimte
D put met akertje
E hok met waakkrekel
F de Mitgifttruhe
G isolatielaag van reeënhaar
H droogzolder voor fruit e.d.

I Schoorsteen en luchtkoker
J gesneden portretten
K deur naar wasgelegenheid
L alkoof
M mand met dennenaalden
N W.C
O kist met droog blad

P het hele jaar 'n kerststuk op tafel
Q woelmuizen
R hobby- en logeervertrek
S logeeralkoof
T luik naar verborgen uitgang
I
J
K
M
N
O
Q
R
S
T

Laarsruimte

de eerste ruimte die hij boven aan de trap afschiet is de ↑

De eerste ruimte die hij boven aan de trap afschiet is de *laarsruimte*. Hij begint met de wanden kaarsrecht af te schaven en de vloer waterpas te maken. Daarna polstert hij zoldering en zijwanden met reëehaar, schapewol, mosvezels, alles doorregen met taaie grashalmen. Pas dan timmert hij er planken tegenaan. De vloer maakt hij van aangestampte leem of ook van planken naar keuze. (Onnodig te zeggen dat hij de planken zelf uit boomstammen zaagt; hij heeft er jaren de tijd voor. Zie ook bij Huisvlijt.)

de huiskamer

Na de laarsruimte volgt het grootste karwei: de *huiskamer*, met uitbouwen voor drie alkoven (1 × vader en moeder, 1 × 2 kinderen, 1 × 2 logées), een keukenhoek, een badhoek, een schouw, een hobbyruimte en een zeer ruime w.c.
Ook deze enorme ruimte wordt gladgeschaafd en dik bekleed met wol, haar en vezels, waarna beschoeiing met planken en balken volgt, ook op de vloer. Hulp van zijn vader is onontbeerlijk.

Mol

Onder de aanstaande w.c. graaft de mol, waar kabouters ook erg goed mee zijn, een vertikaal, vele meters diep gat met ronde eindruimte, waar, mits na iedere stoelgang met naar beneden geworpen bladeren afgedekt, de faecaliën tot in lengte van tijden kunnen blijven liggen, en zelfs voeding voor de boom vormen.

De wand* van dit vertikale kanaal werd oudtijds bekleed met gevlochten tenen om instorting te voorkomen. Thans worden ronde uit klei gebakken buisstukken gebruikt (zie volgende alinea).

* Het woord WAND is de oorspronkelijke naam voor 'de van tenen gevlochten wand'. Denk ook aan de woorden wenden en winden.

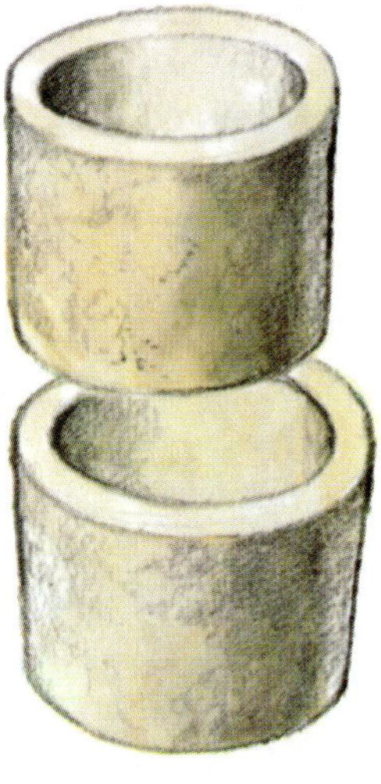

In een hoek van de Laarsruimte graaft de mol een tweede vertikale gang, die aansluit op een wel, zuiver grondwater of onderaards stroompje. Boven metselt de kabouter een putmuurtje van gladde stenen. (Cement hebben zij niet. Als ze er toch over beschikken hebben ze het geruild met mensen). Als kitstof tussen de stenen wordt gebruikt een mengsel van modder, as en koemest. De wanden van de gang worden tot helemaal onderin voorzien van handgebakken buisfragmenten, om afbrokkeling en verontreiniging tegen te gaan. Dit afdichten van onderaardse kanalen is een van de meest tijdrovende bezigheden.

als na jaren van **geduldig, gestadig en pienter zwoeger**

het huis klaar is, ziet het er zó uit, te beginnen onder aan de Tweede Boom:

Bovenaan het tweede trapje geeft een zware, van fraai houtsnijwerk voorziene voordeur toegang tot de laarsruimte. Het hele middendeel van deze deur is een eveneens fraai gesmeed ijzeren rooster, waar nog een binnendeur tegenaan zit. Deze binnendeur staat meestal open, zodat er een lichte luchtstroom uit de gang naar binnen komt, zowel door de wind buiten als door de aanzuiging van het fornuisvuur.

In de ene hoek van de laarsruimte bevindt zich de put, met een akertje aan een katrol. Langs de muren staan emmers en een teil, op een schap potten en flessen, alsmede het hok van de *waakkrekel*, die met zijn scherpe oren de nadering van elk wezen in de buitengang waarneemt en aankondigt. De kabouters vangen hem in de spleten tussen de stenen van oude, berookte schoorstenen, waar hij toch ook niet veel bewegingsvrijheid heeft en geven hem overvloedig te eten.

In de andere hoek van de laarsruimte staat na het huwelijk (want hij is het huwelijksgeschenk van de vrouw) de *Mitgifttruhe*. Dit is een rijk besneden houten kist op pootjes, kleurig versierd met schilderwerk.
Uit deze kist worden aan de bezoekers geschenken meegegeven als zij afscheid nemen. Dit kunnen voorwerpen in natura zijn, bibelots, gebruiksvoorwerpen, maar ook nadenkertjes in de vorm van zinnen, spreuken, versregels, waarvan de ontvanger soms pas veel later de diepere betekenis begrijpt.

Mitgifttruhe

tegenover de voordeur is een tweede deur, die toegang geeft tot de **Huiskamer** →

Binnenkomend staat er rechts een langwerpige tafel. Daaromheen aan de ene kant, langs de muur, een hoekbank, en aan de andere kant een vaders- en een moedersstoel (de kinderen *staan* aan tafel). Op de tafel het hele jaar door een Kerststukje.

Verder rechtsomgaande komt men in de speel- of hobbyruimte, waar ook de tweepersoonslogeeralkoof is ingebouwd. In de vloer is het vluchtluik, aansluitend op een onderaardse gang. In deze speelruimte of onder de tafel staat de mand voor de woelmuizenfamilie, die het huis vrij van insecten en ongedierte houdt.*
De kabouters houden er 3 of 4 van op na, die zij getemd en zindelijk gemaakt hebben, zoals wij honden. De jongen zijn grappige speelkameraden voor de kabouterkinderen. Als ze volwassen zijn worden ze geruild met andere kabouterwoelmuizen of losgelaten.
Door de goede behandeling zijn ze gezellig van aard.
Het enige sombere is de snelle generatie-wisseling.

* De Rosse Woelmuis wordt 9-13,5 cm lang. Staartlengte 4-6 cm (80 ringen). Rugzijde van het dier is roodbruin, buikzijde wit. Ook de voeten zijn wit. De kop is kort en stomp; grote ogen en grote oorschelpen. Uitstekende graver en klimmer. Jaarlijks werpt het wijfje 2-8 jongen, die na 10 dagen de ogen openen. Draagtijd 17-18 dagen. Levensduur 2-3 jaren.

Rosse Woelmuis

Om kleine, hinderlijke onderaardse vliegjes te vangen hangen de kabouters het Vetblad (Pinguicula vulgaris) op, waarvan de bladeren kleverig zijn en insecten vasthouden.

Na de speelruimte komt men bij de deur die toegang geeft tot de w.c. De deur is al mooi, soms zelfs ingelegd met edelstenen, maar de geriefelijke armstoel die men binnen aantreft is nog mooier. Kosten noch moeite zijn gespaard aan schilder- en houtsnijwerk. De kabouter neemt voor het ontlastingsproces alle tijd en verricht ondertussen handwerk.
Naast de stoel hangt een kleine rol papier, die hij met behulp van de Vespa (papierwesp) vervaardigd heeft. Terzijde staat de altijd volle, hoge stenen pot met droge bladeren voor het nawerpen.

de Stoel

De Grote Schouw

Terug in de huiskamer stuit men op de keurig gestapelde hoop hout, die als brandstof dienst doet. In een hoge mand staan dennenaalden voor de geur. (Om het vuur aan te steken is de kabouter zeer bedreven met de gedroogde Tondelzwam, die op beuken groeit. Met twee vuurstenen slaat hij de benodigde vonken. Ter afwisseling gebruikt hij soms de Vuurwerkplant - vooral op feestjes -, die zoveel aetherische oliën bevat dat zij in dampvorm gemakkelijk branden. In de oertijd geschiedde het vuurmaken met snel ronddraaiende houtjes.)

Dan volgt de grote schouw, op het noorden gezet en met daaronder de stookplaats die voor warmte zorgt en waarop gekookt wordt.

Aan de wanden van de schouw hangen lepels, poken, pijpen, kaarsenhouders, alsmede een van de *gesneden portretten*.

in de **OERTIJD** geschiedde
het vuurmaken met
snel ronddraaiende
houtjes

allerOudste methode

enige eeuwen later
de verbetering op
hetzelfde stramien

(puntmutsen toen
nog grijs!)

Hoewel de kabouters lang vóór de mens over uit aarde bereide verven* beschikten (bij ons pas kort voor en tijdens de gebroeders Van Eyck, rond 1400) en andere verven (zoals het prachtige rood uit de Meekrapwortel), en daar ook alle schilderingen op hun meubels en in hun huizen mee verrichten, maken zij geen schilderijen, maar uit hout gesneden portretten van hun voorvaderen, dierbaren of beroemdheden.

* Uit aarde en klei. Na reiniging met olie gemengd, zeer houdbaar voor olieverfschilderingen: alle okers, ombers, terra di Siena, Keulse aarde, van Dijcks bruin etc.

Als pendant van de w.c.ruimte treft men een even grote badkamer aan. Het smeedijzeren bad hierin wordt met emmers gevuld, die op het fornuis verhit zijn. Soms is er een handdouche uit een zolderreservoir met regenwater. De afvoer van het bad sluit met een schuine gang aan op de vertikale tunnel onder de w.c..

Tegen de wand hangen spiegels van gepolijst zilver, die met zoveel geduld en toewijding gemaakt zijn, dat zij voor onze glasspiegels niet onderdoen.

Nog steeds tegen de wijzers van de klok ingaande, komt men langs de zijmuur, waarin zich de familie-bedsteden of alkoven bevinden, die via opstapbankjes beklommen worden. Aan de muur wederom gesneden portretten en beddepannen.

Tenslotte, terug bij de huiskamerdeur, de voor iedere kabouterwoning unieke koekoeksklok, die de man als huwelijksgeschenk meekrijgt.

De zoldering van de kamer is dubbel. In de aldus verkregen ruimte wordt fruit gedroogd. Men kan er met een kleine ladder via een luikje in komen.
Aan de onderste balkenlaag zijn haken bevestigd voor het ophangen van de wieg.

Alles is natuurlijk min of meer afhankelijk van de stand van de wortels. Sommige kabouters geven de voorkeur aan een diepliggend huis zonder ramen, anderen houden van een hoog venstertje ergens in het schuine dak, vooral in drassige wouden, waar diep-bouw moeilijker is.

De verlichting van het huis geschiedt met waskaarsen. De kabouters maken ze uit bijenwas (zie verder bij Huisvlijt).

De goede verstandhouding met konijn en mol heeft wederzijdse voordelen, al was het alleen maar de vreugde om nauw contact met een dier te hebben. Deze grijze en zwartfluwelen zwoegers maken geduldig alle ruimten en gangen waar de kabouter om vraagt. Het voordeel is dat zij later niet per ongeluk een kabouterhuis ondersteboven woelen omdat ze precies weten wáár ze ooit gegraven hebben.

Anderzijds waarschuwt de kabouter de mol als hij in een van zijn gangen een molleklem ziet staan, wat de mol zelf niet kan waarnemen vóór hij er met zijn schouders middenin zit. Konijnen geeft hij een tip om binnen te blijven als er gejaagd wordt en verder staat hij ze in hun laatste ellendige dagen bij als zij Myxomatose hebben. Dat ze dood gaan kan de kabouter niet verhinderen, maar hij kan hun wel pijnstillende opiumdruppels toedienen zodat ze ten laatste in een genadige versuffing heengaan.

In alle kabouter-boomhuizen is in een van de muren of de vloer een door een wandkleed afgedekte opening, die aansluit op een konijnengang. Deze opening doet tevens dienst als vluchtgang in uiterste nood.

Daar waar gedeelten van het huis onder de wortels uitsteken, bijvoorbeeld voor kleine voorraadschuren of in streken met hoog grondwater of veel stuifzand, worden zij met dakpannen belegd, waarvoor zoals eerder gezegd denne-appellobben gebruikt worden. Door overwoekerend mos en grauwgroene regenkorsten zijn zij niet van de omgeving te onderscheiden.

De Derde Boom

Onder een *derde* boom dicht in de buurt van het huis zijn de *voorraadschuren* en *opslagzalen* gebouwd. Daarin bewaart de kabouter zijn graan, bonen, zaaigoed, aardappelen, noten. Vooral in lange strenge winters zijn deze voorraden natuurlijk onontbeerlijk. De kabouter is overigens niet te beroerd om hongerige stumpers, die door hun eigen voedsel heen zijn, te helpen.
(zie ook bij Omgang met dieren)

Hamster

Komische taferelen kunnen zich voordoen wanneer een hamster, achter de rug van een kabouter die zijn schuren vult, deze in hetzelfde tempo weer leeghaalt. Er volgen uiteraard flinke kibbelpartijen.

De voorraadschuren en opslagzalen onder de derde boom zijn soms wel, soms niet met de boomwortelwoning door een gang verbonden.

De behuizing van kabouters in boerderijen en oude huizen is aan de omgeving aangepast, maar meestal toch van het zelfde grondpatroon. Ook hier zo dicht mogelijk bij de ingang een bunzingval, terwijl het regenwater uit dakpangootjes listig wordt afgetapt en in reservoirs opgeslagen.

Afvoer van w.c.- en badwater veelal op de mestgoot in de stal achter de koeien.

De *wilgwoning* dient als vakantiehuis. Het zijn schuine, soms zelfs haast platliggende knotwilgen of knotpeppels die hiervoor gebruikt worden. In de holle stam is op éénderde van de hoogte het huis gebouwd. Wanneer eenden boven in een dergelijke boom nestelen (en dat doen zij soms) is de bewaking door de kabouters, als moedereend moet baden en eten, een hele geruststelling.

Dagrythme

, zonsondergang begint het kabouterhuis tot leven te komen.
t zonder venster naar buiten weten zij wanneer het gaat schemeren,
vendien gaan de woelmuizen ronddribbelen). Mevrouw stapt uit bed
in haar pantoffels, en sloft naar de oven, waar zij de resten van het
ur. behendig op droge takken overbrengt, zodat de vlammen weldra oplaaien.

vervolgens zet zij een paar emmers
water op (als haar man tenminste
in bad wil) en een ketel voor thee,
en begeeft zich naar de badkamer
om toilet te maken.

als zij uit de badkamer is
wacht mijnheer nog een
kwartiertje en Steekt dan
onder het uiten van niet
altijd even goed vallende
kwinkSlagen z'n knoestige voeten →
buiten bed.

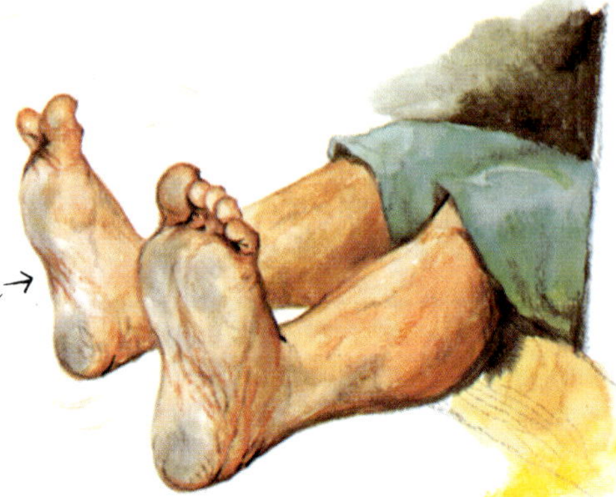

Hij schiet eveneens in z'n pantoffels,
hangt zijn nachthemd en slaapmuts aan een fraai
smeedijzeren haakje, kijkt goedkeurend toe hoe zijn vrouwtje de
dampende emmers leeggiet en met koude mengt tot de gewenste
temperatuur bereikt is, en stapt neuriënd over de rand

vervolgens neemt hij uit een aan de muur
hangend bakje een paar handen vol van
het gedroogde **ZEEPKRUID**
(Saponaria officinalis),
wrijft het in het water fijn en
verkrijgt aldus overvloedig
Schuim

Terwijl vader en moeder doende zijn dekken de kinderen de tafel

inmiddels droogt vader zich af

daarna kleedt hij zich aan, ledigt de woelmuizenbak in de W.C. en gaat aan de inmiddels gereedgekomen ontbijttafel zitten.

Het ontbijt ziet er aldus uit :

A Munth-thee
Rozebottel-thee
Lindebloesem-thee
Jasmijn-thee
} naar keuze

Rozebottel

B Eieren van kleine zangvogels

C Paddestoelen, gedroogd of vers, minstens 60 variaties mogelijk, o.a:

Boter uit zonnebloemolie of raapolie
Pap gemaakt van de zaden van Rietzwenkgras of Frans Raaigras
Brood van graan of eikels
Mieren-eieren

Jam van rozen-, bosbessen, frambozen of bramen
Kruidenkoek
de suiker hiervoor uit honing of suikerbieten

Zijn vrouw maakt de spullen voor onderweg klaar een uitgeholde eikel met thee en een zakje met koeken. Deze zijn uit diverse graszaden gebakken en garanderen een lang uithoudingsvermogen voor de gebruiker

vervolgens steekt hij z'n eerste pijp op, wacht tot zijn vrouw het ontbijt heeft afgeruimd en bespreekt met haar de bezigheden van de komende nacht, ofwel problemen die de kinderen betreffen.

Als hij het huis verlaat aait hij even de waak-krekel, loopt de lange gang door, klimt het trapje op – en zekert* een paar minuten naar buiten om niet in een hinderlaag (stropende kat!) te vallen

* **Zekeren =** langdurig scherp luisterend kijken

ls het nog iets te licht
is wacht de kabouter
naast een bevriend konijn gezeten diepere duisternis af ...

als hij daarna op pad gaat kan er van alles gebeuren, afhankelijk van wat hij tegenkomt of het karwei waaraan hij bezig is.

Hij kan naar de smederij of de pottenbakkerij gaan
of naar de

Houtzagerij

de dakpannen van zulke schuren worden gemaakt van de schubben van de sparappel

i kan zijn afgelegen
uidentuinen gaan wieden, inzaaien, schoffelen, snoeien
of oogsten

hij zal voor brandhout moeten zorgen – of bessen plukken...

Kortom, alles wat maar mogelijk is in korte zwoele zomernachten,
een lange koude winternacht, een fluweelzwarte dan wel
maandoorschenen lente-nacht, regennachten enz.

als er behoorlijk sneeuw ligt zal hij zijn langlauf-ski's ondergespen en zich daarop voortbewegen. Dat moet hij wel, anders zakt hij volledig weg – zeker als het verse sneeuw is!

als hij geen zaak om handen heeft die overnachting elders noodzakelijk maakt, komt hij kort voor zonsopgang thuis, alwaar de toebereidselen voor de hoofdmaaltijd aan de gang zijn (Er wordt maar 2× per etmaal gegeten, klaargezette mensenmelk of pap niet meegerekend).

Deze Hoofdmaaltijd kan bestaan uit:

hazelnoten
walnoten
beukenootjes
enz.

padde-stoelen
(zie ontbijt)

erwten

bonen

1 krielaardappel

appelmoes
vruchten, bessen
(bramen, frambozen,
rode en zwarte bessen,
bosbessen, vossebessen,
Jeneverbes, Meelbes, Meidoorn, Kruisbes, Mispel,
krentenboompje, Vlier, Zuurbes enz. enz.

alle soorten groenten

Knollen en Kruiden

dranken:

Mede
(gegiste
honing)
dauw

gegiste frambozen
(helaas soms iets te alcohol-
houdend)

Heggewikke (Vicia Sepium)
aangezien de kabouter geen vlees eet
gebruikt hij dit zeer eiwithoudende
plantje – dat bovendien nog
voedzame nektar aan zijn
steunblaadjes heeft – veelvuldig.

Slaapmutsje:
Kruidenbitter

dessert: confituren

Het vrouwtje heeft de nacht gebruikt (als zij nog babies heeft) voor: luiers verwisselen, luiers wassen, strijken, wiegen, de borst geven, zachte liedjes zingen.
of anders: spelletjes doen, koken, breien, weven, bastkloppen, afstoffen, bedden opmaken, bij buurvrouwen aanwippen (langs overdekte gangen), bij de konijnen een praatje maken, op de woelmuizen brommen, de krekel voedsel geven etc.

kinderen → blijven enkele jaren aan de borst

s de zon opgaat leest de an en vader een hoofdstuk oor uit het

GEHEIME BOEK

aarnaar allen eerbiedig uisteren. daarna worden de euren vergrendeld, het vuur n de oven op de laagste stand ezet, de kinderen naar bed ebracht en de woelmuizen tot stilte gemaand.

En zo gloort de dag over het kabouterhuis. Iedereen roept iedereen 'slitzweitz' toe (kab. voor welterusten). In de kinderalkoof klinkt nog een tijd gegiechel, uit die van vader en moeder zwelt geleidelijk aan een tweestemmig gesnurk, in de woelmuizenmand probeert iedereen met veel draaien, passen en meten de gunstigste slaapstand te bereiken, op het fornuis zingt een ketel zachtjes na, in de laarsruimte tsjirpt de krekel tevreden op zijn basistoon. Alles is veilig. Buiten kan kwaadaardig volk op de been zijn, stormen, onweer, regen, roofwild. Boven het hechtdoortimmerde kabouterhuis staat een meter-dikke boom stoer overeind, de waakkrekel is op zijn hoede, mol en konijn zullen ieder werkelijk alarm onmiddellijk melden.
Er kan waarachtig niets gebeuren.

Bij iedere nieuwe maan wordt de kabouterman midden op de dag wakker. Hij stapt behoedzaam uit bed en haalt het grote Geslachtsboek te voorschijn. Hij gaat aan tafel zitten en schrijft de wederwaardigheden van de afgelopen vier weken op. De inkt die hij gebruikt, heeft hij gemaakt uit het sap van de Glimmerinktzwam. Het boek moet op gezette tijden aan het Hof ter inzage worden gegeven, zodat de koning op de hoogte blijft van het doen en laten in zijn rijk.

Huisvlijt

Licht

de verlichting in kabouterhuizen en bij onderaardse afdalingen geschiedt met **kaarsen** en **olielampjes**

Kaarsen worden door de kabouter zelf gemaakt: op verborgen plaatsen in bos en veld heeft hij bijenkorfjes met kleine* volken staan. Bij de inrichting van een nieuwe korf zet hij dunne, zelfgewalste wasplaten daar rechtop in. Tevoren heeft hij met een zeshoekig pijpje in de plaat een aaneengesloten cellenpatroon gegrift. Op dit patroon bouwen de bijen de cellen verder af. De celwanden zijn van was. De bij *zweet* deze uit**. Grondstof daarvoor is het stuifmeel dat de bij eet. De cellen worden met eitjes belegd en afgesloten met het geboortevlies. Na verschillende malen een jonge bij afgeleverd te hebben worden de broedcellen van boven zwart door het vele geloop van de bijen en moeten vervangen worden. De kabouter keert de korf om en snijdt de oude cellenmassa's (de *raten*) los. Hij legt ze in een metalen doosje met een afvoerpijpje aan de onderkant. Als deksel maakt hij een dubbel glazen plaatje. Het geheel zet hij in de zon op vier stokjes. Onder het afvoerpijpje plaatst hij de kaarsvorm met de lont in het midden (opgehangen). De temperatuur stijgt zeer snel in het doosje en na enige tijd begint de vloeibare was uit het pijpje te lopen.

wasplaatje

* Minder dan 20.000 bijen.

** Uit de wasklieren aan het achterlijf.

Hiervoor moet de kabouter dus een keer of wat in het heldere zonlicht naar buiten. Om zich daartegen te wapenen heeft hij een **Zonnebril** (zoals de Sneeuwbril) gemaakt. een gebogen plankje met kijkspleet

Keramiek

De kabouter bakt al zijn aardewerk zelf. Hij gebruikt hiervoor als grondstof *klei.**

In een aangemaakte kleimassa komt water in drie vormen voor:

1. het chemisch aan de silicaten gebonden water
2. het hygroscopisch door de klei aangezogen water
3. het water dat er aan is toegevoegd om de klei zacht en kneedbaar te maken.

Nadat het produkt, b.v. een bord, met de hand gevormd is, wordt het water in omgekeerde volgorde uitgedreven: het door de kabouter toegevoegde water verdwijnt door het produkt te laten drogen in zon en wind. Daarna wordt het hygroscopisch-aanwezige water door voorverhitten op 120-150° C. weggewerkt. Dan pas volgt het eigenlijke bakken op 600-800° C. waarbij het water van de silicaten gescheiden wordt. Het produkt dat overblijft bestaat uit zuivere silicaten en is hard. Het is tevens 20-40% gekrompen.

Door de van nature aanwezige verontreinigingen, voornamelijk ijzeroxyden, is het eindprodukt roodachtig of bruin.

Voegt de kabouter *kalk* toe dan ontstaat een lichtere kleur tot geel toe. Dit soort aardewerk is Terra-cotta.

Hoe meer natuurlijk silicaat van calcium- en kaliumcarbonaat (of sulfaat) in de klei aanwezig is, des te minder poreus is het bakprodukt.

Om te sterke krimping (en daardoor barstvorming) tijdens het bakken tegen te gaan wordt de klei tijdens het kneden vermengd met *vulstoffen* (meestal gemalen zand of kalksteen).

* Klei bestaat uit gehydrateerde silicaten van aluminium, tesamen met allerlei verontreinigingen.

onder de eeuwigedrup.

na honderden jaren zijn de
kiezelstenen spiegelglad
uitgehold tot de gewenste
vorm.

Tegenwoordig wordt de
pottenbakkers-
schijf gebruikt

via een trapmechanisme met de voet
wordt de schijf rondgedraaid.

borden, potten, vazen,
kopjes, drink-
schalen, amforen
en kommen worden
zo gemaakt.

Oortjes en handvatten worden
later aangebracht.

vóór het bakken worden met
houten stempels
allerlei motieven
in de nog natte
klei gedrukt.

eventuele
beschilderingen
na het bakken

Pottenbakkersoven (in het Speulder Bos)

Het bakken in een open vuur of in een kuil is reeds lang vervangen door het bakken in een *oven*.
Alleen in een oven kan de temperatuur gelijkmatig tot de gevormde kleiprodukten doordringen en ook tot 800° C. stijgen.

Ook van afworpstangen van hert en ree kunnen kabouters fraaie borden, koppen en schotels vervaardigen, nl. door e schijven van te zagen en deze uit te hollen. Ook heften van messen, vorken, lepels alsmede *knopen* worden er me liefde uit gesneden).

Glasblazen

Glas wordt verkregen door *Bergkristal* te smelten. Alle glazen voorwerpen van de kabouter zijn dus van *Kwartsglas*, dat van veel hogere kwaliteit is dan gewoon glas. Het springt niet door hitte of kou, het barst bijna niet en het is van nature gepolariseerd. Het blazen moet wel bij zeer hoge temperaturen geschieden.

Als gekleurde kwartsprodukten gebruikt de kabouter kwistig: de violette Amethyst, geel Kwartstopaas, Agaath, rode Heliotroop, groen Plasma. Hij maakt er kunstige stuiters voor de kinderen van.

Het zeer heldere kwartsglas wordt gebruikt voor *brillen*, telescoopkijkers, drinkglazen, vensterglazen, en in diverse kleuren voor binnen- en buitenlampen, respectievelijk lantarens. Deze lantarens hebben de vorm van een kabouterhoofd met muts.

Metaalbewerking

Gebruikt worden: goud, zilver, koper en ijzer.
Goud en zilver hebben voor de kabouter geen geldswaarde, maar hij gebruikt ze graag en veelvuldig om hun bestendigheid tegen weersinvloeden en hun houdbare glans. In de koningshoven en elders zijn er grote voorraden van (herkomst niet geheel duidelijk), waar iedere kabouter zoveel van kan krijgen als hij wil.
Hetzelfde geldt voor koper. Dit metaal wordt in Zweden en Hongarije in vrije vorm gevonden en op centrale plaatsen bijeengebracht.

IJzer wordt verkregen door het smelten van *Bloedsteen**. Dit erts bevat Fe_2O_3 (roodbruin Ferri-oxyde). Als hoogoven dient een ronde cylinder van steen, ongeveer 30 cm. hoog. Hierin wordt een laag houtskool gelegd daarop een laag fijn geklopte bloedsteen, daarop weer een laag houtskool, en zo door tot bovenaan. Onderin de oven zijn een aantal blaasbalgen aangebracht. De oven wordt aangestoken en het vuur krachtig aangewakkerd. Na verloop van tijd komt het smeltende ijzer vloeibaar naar beneden en wordt afgetapt. Na diverse zuiverings- en hersmeltingsprocessen is het dan bruikbaar als giet- of smeedijzer.

Voor het *gieten* van gebruiksvoorwerpen van goud, zilve koper of ijzer wordt de zogenaamde 'cire-perdue'-methoc nog steeds gehandhaafd: van het voorwerp dat men uiteindelijk hebben wil wordt een wasmodel gemaakt.

Dit model wordt met klei omgeven waar een klein gaatje in is uitgespaard. Daarna wordt de klei verhit zodat hij hard wordt. Inmiddels is de was gesmolten en weggelope In de ledige klei-vorm die nu verkregen is wordt het vloe baar gemaakte metaal gegoten. De klei kan deze hoge temperatuur verdragen. Nadat alles afgekoeld is wordt d kleivorm stukgeslagen en weggegooid.

* overal makkelijk te vinden

de „Cire-perdue" methode

Schrijnwerk

De kabouter is een geboren timmerman-schrijnwerker. Alle meubels worden zonder uitzondering door hem zelf gemaakt. In kasten, stoelen, banken etc. gebruikt hij niet één spijker. Alle verbindingen komen tot stand door zwaluwstaarten, houten pluggen, verstekken en lijm. Kastdeuren scharnieren om een vertikale pin onder en boven in de deur.

Het maken van **nestkastjes** is een geliefkoosde kabouterbezigheid.
men ziet ze op eenzame plaatsen in het bos hangen, en ze zijn aan de betreffende vogelsoort aangepast.
Als tegenprestatie staat de broedende vogel toe dat de kabouter de eieren doorlicht en onbevruchte exemplaren meeneemt voor consumptie.

let op de minieme gaatjes in de stam van de boom.
Ze zijn veroorzaakt door de „**Lichtmastschoenen**" van de kabouter

VLAS of LIJNZAAD

alle kleren voor het huisgezin worden door de vrouw zelf gemaakt.

voor het linnen gebruikt zij vlas.

Kledermakerij

Het *vlaskruid* heeft haar man voor haar in een geheime tuin zeer dicht gezaaid, zodat de stengels geen vertakkingen vertonen. Daarna heeft hij het geel, dus *onrijp* uitgetrokken. Vervolgens heeft hij het *gerepeld*, om de zaadjes te verwijderen. Hij heeft het aan een *rottings-gistings*-proces onderworpen, gevolgd door een *droog*proces. Daarna heeft hij het *gehekeld* (over een kam uit elkaar gehaald), *geplet* en in kluwens bij elkaar gedaan.
Het aldus ontstane vlas wordt door de kaboutervrouw zeer fijn gesponnen, *getwijnd* (in elkaar gedraaid), waarna ze er mee weven kan wat zij wil op haar weefgetouw.

Voor de wol, waaruit zij ondergoed, kousen, sokken, wanten en dassen breit, neemt zij, wanneer het buitengewoon stug en sterk moet zijn **Reeëhaar**.

dit haar is overvloedig in een reeëleger te vinden.

Voor zachtere produkten kan de kabouter van de konijnen zoveel restwol krijgen als hij wil...

voor dekens en truien worden aan het prikkeldraad hangende of los door het weiland dwarrelende schapewol vlokken gebruikt ook deze wolsoorten worden gewassen, geolied, gedroogd, gekaard, gehekeld, gesponnen, getwijnd en gebreid of geweven

HET VERVEN

van de aldus verkregen stoffen geschiedt:

voor **ROOD** met **Hennep**

voor **GEEL** met **Zaagblad** (Serratula Tinctoria of **Akelei-rui**[t] blaadjes

voor **Blauw** met **Indigo** (Isatis tinctoria)

Het poeder daarvan is aanvankelijk koperrood maar wordt door oxydatie aan de lucht blauw

tenslotte kan de kabouterbrouw ook nog wol maken uit de **Weverskaarde**, een distelsoort, die pluize bollen heeft waaruit wo[l] gekaard kan word[en]

Vlechten

het zogenaam-
de „rond-
weven"

rondgeweven vloerkleed

gevlochten mandwerk

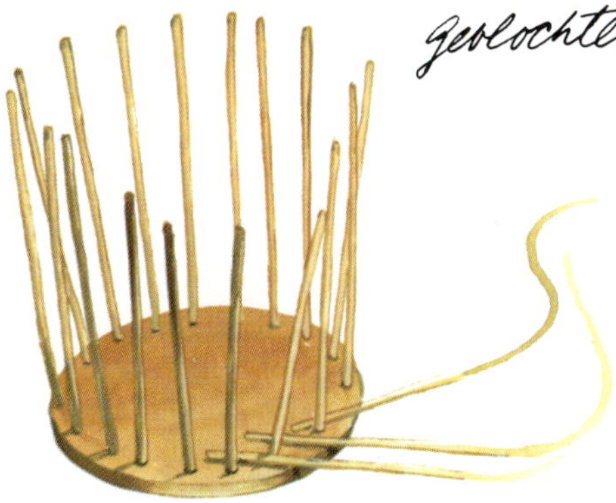

gevlochten wand

wand komt
van het werk-
woord wenden =
vlechten

← oud-kabouters-weefgetouw
verbeterd ↑ kabouterweefgetouw
jonge vrouw aan het „band weven"
de weefhevel. →
de „even" draden kunnen omhoog gehaald en neer gedrukt worden

erkebast

laarzen en Schoenen worden
'an eindeloos uitgeklopte
berkebast gemaakt,
Soms uit vilt van reehaar →
en stugge mosvezels

LEER is niet altijd voorhanden.
de huiden hiervoor moeten worden geleverd door muizen, eekhoorns, konijnen of andere dieren die een onnatuurlijke dood gestorven zijn, zoals door overrijding, felle vorst, landbouw-giffen, vechtpartijen.

Er worden broeken, tabaksbuidels, laarzen, Schoenen, beurzen en riemen van vervaardigd, en soms deurhengsels

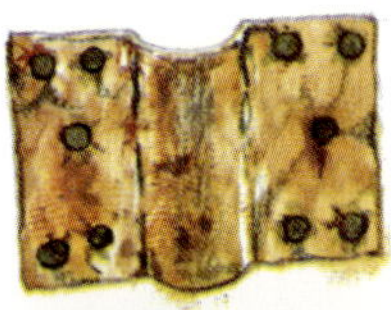

enkele kabouter heeft zelfs
en **zijde-rupsen-stal**, waarmee
chter gewoonlijk slechts
ofleveranties worden verricht

Omgang met dieren

uiteraard heeft de kabouter intensief kontakt met dieren.
Hij zit met hen - om zo te zeggen - op dezelfde golflengte.

Dat houdt in dat hij hun taal verstaat en hun problemen begrijpt.

Alle dieren zijn vertrouwd met de kabouter, zelfs de eerder in dit boek genoemde hinderlijke elementen, zoals bunzing, rat etc.

Een uitzondering blijft de kat, vooral de verwilderde huiskat, die geen deel van de natuurlijke wilde dierenwereld uitmaakt en nimmer te vertrouwen is.

maar zelfs wolf, lynx, beer, vos en wild varken, die
toch heus geen lieverdjes zijn, respecteren de
kabouter, weten hem in nood te vinden en
doen wat hij hun vraagt of gebiedt
zonder al te veel mokken.

Inderdaad is de kabouter onmisbaar voor de dierenwereld. Zijn intellect en technische hulpmiddelen stellen hem in staat dingen te doen en ingrepen te verrichten, die de dieren zelf niet kunnen omdat de situatie hen boven het hoofd gegroeid is.

Enkele voorbeelden:

Vossen, maar ook andere dieren kunnen veel last hebben van *teken* in hun hoofdhuid en andere moeilijk te bereiken plaatsen. Wanneer zij de teek afschuren tegen een boom, blijft de kop van de teek onder de huid zitten, wat een vrij langdurige ontstekingsreactie geeft. De kabouter wacht tot de teek slaapt en verwijdert hem met één ruk, draaiend tegen de klok in.

Wanneer twee reebokken tijdens het vechten 'verhaakt' raken, dat wil zeggen wanneer hun geweien onontwarbaar in elkaar zitten (meestal door extra einden of abnormale uitsteeksels), kan hij ze loszagen en de dan meestal half verhongerde stumpers de vrijheid hergeven. Het gewei is gevoelloos, zodat het zagen zonder bezwaar kan geschieden.

Wanneer een koe of een geit 'Het scherp in heeft', dat wil zeggen een scherp voorwerp in haar pens heeft, bv. een aardappelmesje, glasscherf, stuk ijzerdraad, kan iedere kabouter dit langs operatieve weg verwijderen. Meestal is de boer of eigenaar van het dier er sneller bij en roept de vee-arts, maar in verwaarloosde gevallen of daar waar de eigenaar te arm is om de dierenarts te betalen, hebben kabouters in het verleden ingegrepen.
(De huid van de flank wordt gladgeschoren, via een kleine snede worden huid en onderhuid opengelegd; de drie-lagige buik-spierwand wordt stomp in drie richtingen gekliefd. Na opening van het buikvlies ligt de zijwand van de pens bloot. Na enig aftasten is het scherpe voorwerp localiseerbaar, waarna een minieme opening in de pens voldoende is om het te verwijderen. Sluiting van pens, buikvlies, buikwand en huid in lagen).

Vanneer *konijnen in de strik* minder wild te keer gingen n ondanks die gruwelijke toestand het geduld zouden unnen opbrengen om rustig te wachten, zou menigeen loor de kabouter gered kunnen worden. Met een vijltje en en tangetje ziet iedere kabouter kans zelfs diep ngesnoerde strikdraden uit de keelhuid naar boven te alen en door te vijlen.

Eerder vermeld werden al het waarschuwen bij menselijk gevaar, en het bijstaan in de laatste uren wanneer de Myxomatose voor een ellendige dood zorgt.

De wonderbaarlijke genezing van de ledematen van aangeschoten of aangereden dieren doet vaak de heilzame ingreep van een denkend wezen vermoeden. Meestal trekt een dergelijk zwaargewond dier zich circa veertien dagen in het dichtste struikgewas terug, waar de kabouter alle tijd heeft hem te verzorgen.

kabouters kunnen zich kostelijk
amuseren door bij de vroege-ochtend-
schijngevechten van **Korhanen**
als schijnscheidsrechtertje of
schijngrensrechtertje te fungeren

door het te gulzig opschoffelen van eikels blijft een groot exemplaar daarvan soms in een eendehals dwars zitten. door de eikel met uitwendige handgrepen inwendig te keren zorgt de kabouter voor door-glijden naar de maag.

Acupunctuur

Acupunctuur kennen de kabouters al vele duizenden jaren. Zij gebruiken hiervoor gouden en zilveren naalden.
(De *das* op deze afbeelding had een perforerende hoornvliesverwonding ten gevolge van het in een afgebroken tak lopen tijdens de duisternis. Naalden rondom het linkeroor ingebracht gaven gevoelloosheid in de gehele linker gelaatshelft. Daarna werd het hoornvlies op de gebruikelijke wijze overhecht.)

Het verwijderen van diep ingedrongen en daarna afgebroken *doornen* in de loopballen van viervoetige dieren is zo oud als de wereld.

Paarden in de stal of op het land zullen – evenmin als koeien (en alle andere grote dieren) nooit op een kabouter trappen.
Hij kan zonder het geringste gevaar tussen hun benen heen en weer lopen of zelfs gaan liggen slapen!

om het gewei van edelherten kan zich Soms ijzerdraad wikkelen (ook prikkeldraad, of vreemd-gevormde takken die klem blijven zitten). Hoewel het voor het betreffende dier geen gevaarlijke toestand is, vinden de kabouters het toch geen gezicht en zijn zij gaarne bereid het vreemde voorwerp te verwijderen.

Eekhoorns

Eekhoorns vergeten meestal heel wat van de plekken waar zij noten voor d winter hebben verstopt. In strenge er langdurige winters kan hun dit opbreken. Het ijzeren geheugen van de dichtstbijzijnde kabouter helpt hen dan weer uit de brand.

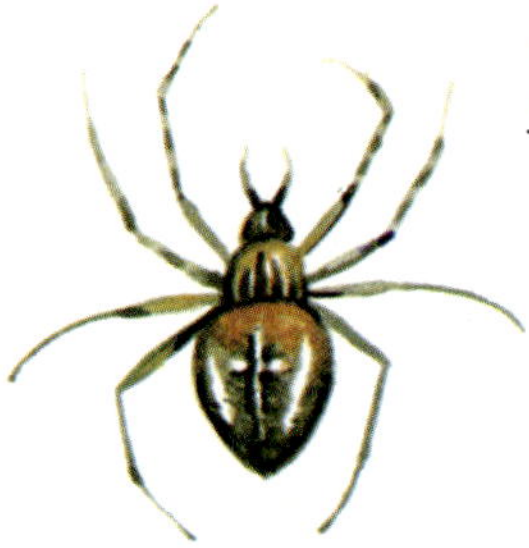

Spinnen

Spinnen zijn geen speciale vrienden van de kabouter, maar hij zal nimmer hun web kapot maken omdat dit ongeluk brengt.

Otters

Otters gebruikt de kabouter om over beken, rivieren of andere wateren te komen. De otter gaat hoog in het water liggen en brengt voortdurend giechelend de kabouter naar de overkant.
(Zwemmen is voor de kabouter te riskant vanwege het snoekengevaar en hij beschikt niet op alle plaatsen over schorsbootjes).

Het oude plaagspelletje om tegen eer *Lieveheersbeestje* te zeggen: 'juffrouw jassepand, vlieg weg*, je huis staat ir brand!', zodat het diertje zijn pandje: laat zien en inderdaad wegvliegt, is van kabouterkinderen afkomstig.

* Zeurderig gezongen: we-eg.

de **Mouflon** is een uit Sardinië en Corsica ingevoerd wild haap. Omdat op de Nederlandse en Duitse zand- en heide grond weinig steenachtig materiaal aanwezig is slijten zijn hoeven voldoende af en groeien soms door tot Muzelmanachtige pantoffels.

de kabouter zaagt ze af en vijlt ze bij.

Bij het verstrekken van voedsel uit de voorraadschuren in lange harde winters aan kleine knaagdieren is de kabouter **niet kinderachtig**

Reeën kunnen in een rampzalige benauwdheid verkeren ten gevolge van **Keelhorzels**.

de horzel legt eitjes in de neus van het ree, waarna de larven naar achteren kruipen en zich in de keel nestelen.

Met de keelhorzeltang verwijdert de kabouter de indringers.

keelhorzellarf
ware grootte

de tang

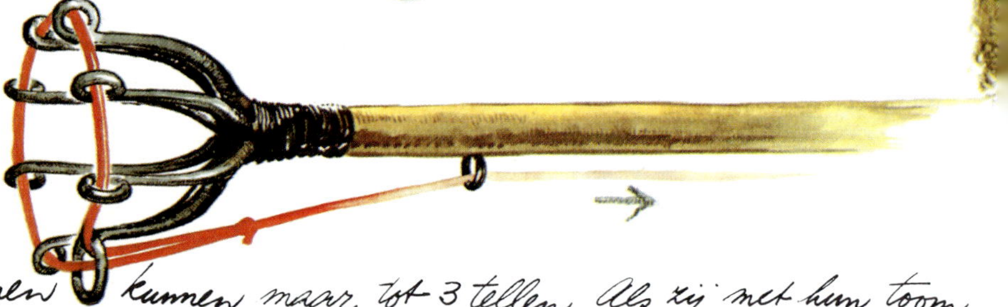

Fazantehennen kunnen maar tot 3 tellen. Als zij met hun toom kuikens in het veld zijn en over een klein slootje of richeltje moeten, wachten ze tot het derde kuiken gearriveerd is en vervolgen dan hun tocht, terwijl de rest – meestal zwakkeren – radeloos achterblijft of verdrinkt. De kabouter helpt door kuikens die hij in de schemering vindt honderden meters verderop weer onder de moeder te zetten.

voor alle diensten die de kabouter aan herten en wilde varkens bewijst, gunnen zij hem graag de enkele aardappel die hij van hun voerplaatsen wegneemt.

Bunzing

Kabouters hebben daarom zoveel problemen met de bunzing
omdat zij weten dat deze kikkers levend
verlamt en dan bewaart om ze
tegelegenertijd op te eten.
Omdat hem dit als kind al verteld wordt
houdt de kabouter z'n hele leven een
angstcomplex dat hem dit óók
overkomen kan!

Spelletjes

Schommelen

Schommelen wordt zoals overal ter wereld ook graag door kabouterkinderen gedaan. In het struikgewas is altijd wel een mogelijkheid om de touwen op te hangen. In duinen of weiland bouwt vader een enkele maal een echte schommel voor hen. Overigens zit een volwassen kabouter bij het overdenken van een ernstig probleem ook graag zachtjes te schommelen.

…t de vruchtvleugels van de Esdoorn (Acer pseudoplatanus) of nog mooier met die van de Sneeuwbalbladige Esdoorn (acer opalus) spelen de kinderen graag

Elfje of Waterjuffer

…t halve kastanje bolsters (tamme en wilde) spelen de kinderen

Egeltje

en proberen zo de woelmuizen bang te maken

de meisjes spelen graag met wilgenkatjes of kleden ze aan als poppen of kleine dieren, om ze mee naar bed te nemen.

van de holle stengels van het Fluitekruid (Anthriscus vulgaris) of die van het Pastinaak (Pastinaca Sativa) worden

Blaaspijpjes gemaakt om proppen te schieten

Knikkeren met steentjes of door vader gebakken klei-knikkers en lichtgevende stuiters, waar magische figuren in geblazen zijn.

Landhappertje, **Blindemannetje**

Jeu de boule met kurkdroge en reukloze Konijnekeutels, op of in de buurt van de kale keutelheuveltjes in bos en veld, waarbij de konijnen eerbiedig toekijken

Touwtrekken

Voetballen met Sneeuwbessen

Haasje-over, Touwtje springen, Blindemannetje,

Vliegeren → (als vader en moeder niet kijken) met een Meikever, of bromblieg.

Verkleedspelletjes, elfen, toverheksen, vadertje, moedertje, koninkje, koninginnetje e

Sjoelen

met de perfectste en gladste sjoelbakjes ter wereld

Dammen, Mutsje-wip

Kwartetten

Klittengooien (ook als plagerij naar dieren en mensen)

Kabouter-erger-je-niet.

Taal

Kabouters spreken onder elkaar een eigen taal. Aangezien men echter altijd maar één kabouter tegenkomt, hoort men hen die taal nooit spreken. Bovendien doen zij heel moeilijk als men er iets van te weten wil komen. Het is zeker dat zij er niet alleen elkaar, maar ook dieren mee kunnen aanspreken.
Voor 'goedenacht' staat 'Slitzweitz', en voor 'dankjewel' 'te Diêws', maar veel verder zijn wij ook niet gekomen, te meer daar zij de mensentaal perfect meester zijn. Kunnen zij een woord van ons niet plaatsen, dan vragen ze ogenblikkelijk wat we bedoelen.
Als Schrijftaal gebruiken zij een Runenschrift.

„ Slitzweitz"

Andere Schemer- en Nachtwezen

Elfen, Kobolden, Zuivere Huisgeesten, Trollen, Dwergen, Riviergeesten, Bosgeesten, Berggeesten, Uldra's

omdat bovengenoemde wezens vaak met de kabouter verward worden is het nodig ze hier te behandelen.

Elfen

Een elf of alf is een luchtige natuurgeest, geneigd tot zorgeloos dans- en snarenspel. Ze leven onder de grond; soms in, soms boven het water, bij voorkeur een bron; dan weer in de lucht of in de takken van hoge bomen; een enkele maal nemen ze een dieregestalte aan. Ze zijn van nature niet kwaadwillig, maar hun plagerijen hebben soms toch wel een ernstige afloop (mensen in een moeras laten verdwalen), zonder dat ze de portée daarvan schijnen te begrijpen.
Er zijn mannelijke, vrouwelijke en geslachtsloze elfen. De meesten beschikken over vleugels.

Grootte: van tien tot dertig centimeter.
Intelligentie: sterk gericht, maar hoog.

Koboldeh

Tot dertig centimeter grote, pikzwarte mannetjes met een kleine puntmuts. Ze zijn uitgesproken kwaadaardig en steken hun onlustgevoelens niet onder stoelen of banken. Sterft er ergens een mens, dan vertonen zij zich uit boosaardigheid aan de huisgenoten. Ze zijn tuk op goud en zilver en proberen dat vaak van de kabouters af te troggelen. Ze dragen veelal een kleine schop bij zich. Voorkomen: alleen nog in uitgestrekte wouden, van waaruit zij hun strooptochten ondernemen.

Zuivere Huisgeesten

Deze soort wordt veelvuldig met kabouters verward omdat zij velerlei gedaantes kunnen aannemen, waaronder die van een kabouter, soms ook van een rat, een kat, een zwarte hond. Ze zijn onzichtbaar voor mensen, maar kunnen zich op deze manier zichtbaar maken. Ze maken 's nachts veel lawaai in huis, wonen tussen de muren, op zolder, in de kelder, in de stal, de schuur, een enkele maal in een grote boom naast het huis. Ze zijn niet over-intelligent en zolang ze goed behandeld worden zijn ze vriendelijk. Zij pesten luie lieden door de dekens van hun bed af te trekken en de kamer met ijzige lucht te vullen, dan weer door hun melkemmers om te duwen of hen met geklop uit de slaap te houden.

Als ze een keer goed boos gemaakt zijn worden ze kwaadaardig. Het herrieschoppen wordt ondragelijk, er wordt met stenen gegooid, er komen ziektes onder het vee, droogte op het land, aanhoudende stormen, koude. Uiteindelijk verlaten zij het huis of de boerderij, waarna dit door de ene ramp na de andere getroffen wordt en tenslotte vervalt.

Trollen

Verspreidingsgebied: Noorwegen, Zweden, Finland, Rusland, Siberië. Domme, primitieve, lichtgelovige en tegelijk wantrouwende, oerlelijke wezens. Ze hebben een komkommerneus, een staart, zijn gruwelijk sterk en snel, stinken en hebben vaak kisten vol gestolen geld en sieraden in huis, die zij urenlang door hun vingers laten glijden.

Grootte: tot 1 meter dertig.
Huidskleur: geelbruin.
Haren: lang, zwart en vies.

Dwergen

Thans bijna uitgestorven wezens van het mannelijk geslacht. Tot 1 meter twintig, vaak kleiner. Alleen nog te vinden in het centrum van onherbergzame wouden en in de bergen. Zij zijn de delvers van goud en zilver in uitgestrekte mijnen. Zij leven in groepen bijeen en zijn meesters in de smeedkunst. Hun karakter is goedaardig, behalve bij sommige solitaire, mogelijk uitgestoten exemplaren, die zeer lelijke dingen kunnen doen.
Valt een dwerg in handen van de mens dan koopt hij zich los met goud. Zij hebben geen baard.

Rivier-, Bos-, Berggeesten

IJle, vaak onzichtbare natuurwezens, die alle gedaantes kunnen aannemen, en de toverkunst machtig zijn. Niet goed- of kwaadaardig als zodanig. Gaan alle moeilijkheden uit de weg door zich terug te trekken. Pas als ze tot het uiterste getergd zijn kunnen er rampen ontstaan.
Zij kunnen wel naargeestig huilen of akelig lachen en staan vaak met één oog om een boom heen te loeren.

Uldra's

Alleen in Lapland levende, ondergrondse wezens. Zij hebben de vorm en gestalte van kabouters, maar missen iedere kleur; ze wonen in grote families of stammen bijeen, hebben zeggenschap over de grote wilde bosdieren zoals beer, eland, wolf en rendier, die hen volledig gehoorzamen, ze zijn in daglicht stekeblind en in wezen vriendelijk. Ook hier weer: bij tegenwerking door de mens kunnen rampen volgen. Hun lelijkste middel is het uitstrooien van poeder over het rendiermos, waardoor de rendieren bij tientallen sterven.
Ze hebben lange, spitse tanden en haren *in* het gezicht.

Omgang met andere Wezens

Met Elfen, Kobolden, Huisgeesten, Dwergen, Rivier-, Bos- en Berggeesten, Uldra's, Tovenaars, Heksen en de Weerwolf, evenals met Gnomen, Vuurgeesten, Korenvrouwtjes en Feëen heeft de kabouter weinig van doen. Ze gaan elkaar uit de weg of schuwen elkaar zelfs.

Met *Trollen* echter heeft de kabouter in Noord-Europa, Rusland en Siberië vaak de grootste moeilijkheden, omdat deze rustverstoorders bemoeizuchtig en agressief zijn en mensen of dieren benadelen, met wie de kabouter goede relaties heeft of waar hij zich verantwoordelijk voor voelt.
Buiten hun hol hebben trollen geen macht over de kabouter. Bovendien is deze onvergelijkelijk veel slimmer dan zij. Maar krijgen trollen eenmaal een kabouter te pakken dan kúnnen er de akeligste dingen gebeuren.

Een geliefde pesterij bestaat er uit dat de trol met zijn naar dode-ratten-ruikende handen de kabouter tegen een draaiende slijpsteen drukt.

Of hij kan de kabouter zó dicht bij het vuur houden dat hij nét vlam vat. Daarna gooit de trol hem naar een andere trol, en die weer naar een derde, waarbij het de kunst is om met hun klamme handen de vlammen te doven zonder zich te branden.

Verder: opsluiten, een mes op de keel zetten of vlak naast de aan handen en voeten gebonden kabouter met de punt in de grond laten vallen, hem aan een ketting laten dansen, in een tredmolen zetten, kortom alles wat maar in zieke breinen te bedenken is.

Het gaat er de trollen echter niet om de kabouter werkelijk te doden, daarvoor zijn *zij* zelfs niet kwaadaardig genoeg, hoewel de kabouter toch soms lelijke blessures oploopt. In vrijwel alle gevallen weet hij trouwens vroeg of laat met zijn eigen slimheid en/of met hulp van buiten uit het trollehol te ontsnappen.

Veel erger is het als de kabouter in handen valt van een *Snotgurg*, waarvan er gelukkig nog maar twee of drie op de wereld zijn. Hij is even groot als een trol (stamt er misschien in de oertijd van af), heeft aan iedere hand zes zwarte klauwvingers met lange nagels, en enorme platvoeten, met zeven tenen beiderzijds. Zijn vettige en onwelriekende haarkleed wordt bewoond door een dichte menigte luizen en vlooien. Het reikt van kruin tot voeten en bedekt ook het gezicht, waarin tussen de haarslierten alleen nog de onheilspellende maar verder oliedomme ogen zichtbaar zijn. Zij worden meer dan tweeduizend jaar oud en zijn geboren dieven.

In hun holen bevinden zich onafzienbare stapels gebruiksvoorwerpen van de mens, die zij in de loop der jaren gestolen hebben, evenals goud, zilver en edelstenen. Alles stinkt naar wandluizen.
Een kabouter in de macht van een snotgurg heeft niet veel kans op overleving. Ons is het geval bekend van Olie Hamerslag (thans 385 jaar oud, woonachtig in de drooggelegde moerassen langs de Berezina), wiens benen door een snotgurg in een snijbonenmolen zijn afgezaagd, waarna hij zich nog op het nippertje met een list bevrijden kon. Hij is door een bonte kraai naar huis gebracht en loopt al zeventig jaar op kunstbenen zonder dat je daar veel van ziet.

Helaas zijn ons ook gevallen bekend waar een kabouter het leven heeft gela
omdat hij door een mangel is gedraaid.
Op dit ogenblik bevinden de laatste snotgurgen zich ver achter de Oeral, er
iedere kabouter in een straal van duizend kilometer zo wijs om uit hun buu
blijven. In het verleden hadden deze on-wezens namelijk ook nog het satan
genoegen om bij een kabouterwoning-ingang te gaan liggen, als zij er een
ontdekt hadden, en met hun hete, verschroeiende en afgrijselijk stinkende a
zó lang en zó hard naar binnen te blazen dat he
hele meubilair erdoor vernield werd, inclusief
onvervangbare gesneden portretten en and
lieve bezittingen (de kabouters waren da
al lang door het vluchtgat in veilighei
maar moesten ergens anders natuur
helemaal opnieuw beginnen).

Snotgur

De Kabouter en het Weer

58.000 per vierkante Centimeter

e weervoorspellings-kunst van kabouters hebben wij niet
eheel kunnen doorgronden. Op de vraag hoe ze het deden
net een trefzekerheid waar overbekende weerstations in
'est-Europa een punt aan kunnen zuigen) mompelden ze
agheden als 'in je botten voelen', 'vanzelf gaan', 'aan de
cht zien', 'nog weten van vroeger' enzovoort.

et is zeker dat zij de vochtigheidsgraad van de lucht en
aderende depressies vaststellen aan de stand van de
uidmondjes, die zich aan de onderkant van boombladeren
evinden. Een eik heeft 58.000 van zulke huidmondjes per
erkante centimeter. De kabouter is blijkbaar in staat met
jn scherpe ogen aan het aspect van een blad te zien of de
uidmondjes in hun totaliteit open of dicht staan.

ok volgen zij het 11-jaars-rythme van de zonnevlekken
de voet.

en derde hulpmiddel vinden zij in het bepalen van
oogtestromingen, waar weersveranderingen zich het
rste aankondigen. Dit geschiedt vrijwel zeker met behulp
an vogels.

en door hen gebruikt grapje om ons op een dwaalspoor te
engen is het tonen van het Weerboompje (Sertularia
upressina) dat bij droogte slap en bij vochtige lucht stevig
anvoelt.

Hoewel de kabouter het weertype steeds nauwkeurig van te voren kent, loopt-ie toch vaak in regen hagel, mist, hitte en koude omdat het hem niet schelen kan.

Bij hevige koude houdt hij zijn handjes onder → zijn baard

Zodra er een centimeter ijs ligt bindt hij de schaatsen onder. Bij aanhoudende koude worden wedstrijden georganiseerd.

Bij *onweer* heeft hij door zijn kleine gestalte weinig kans om door de bliksem getroffen te worden. Als het erg te keer gaat, schuilt hij onder een beuk, daar deze boom de bliksem niet aantrekt.
Men vergelijke hiermee het oud-Duitse rijmpje om de bliksem (= de hamer van Thor) te ontlopen:

Eichen soll man weichen,
Weiden soll man meiden,
Fichten soll man fürchten,
BUCHEN soll man suchen.

De voorspelling van *storm* is feilloos, evenals de dieren dat kunnen zonder zich te vergissen. Deze wetenschap is daarom zo belangrijk voor kabouters omdat zij door harde wervelwinden opgepakt en meegesleurd kunnen worden, mochten zij zich op open vlaktes bevinden.

Ook *sneeuw* wordt nauwkeurig aangekondigd. Dit is van belang omdat de vele openingen en holletjes in de grond die kabouters gebruiken spoedig dichtsneeuwen, en er maatregelen getroffen moeten worden.
Zoals reeds eerder vermeld gespt de kabouter na sneeuwval gaarne zijn langlauf-ski's onder.
In berglandschappen weet hij lawine-gevaar te herkennen, even goed als gemzen, vossen, reëen en herten dat kunnen.
Het zijn de onschuldig-uitziende, blanke sneeuwhellingen, waarop iedere dieren- of kabouterprent ontbreekt.

Te vaak is het voorgekomen dat een reuzen-
sneeuwbal in een bergdorp tegen een muur
of huis uit elkaar spatte – terwijl er een versufte
kabouter uit overeind krabbelde, die zich verstapt
had – hij blijft dus uit de buurt van steile hellingen!

Gebruik van Natuurkrachten

Even simpel als ingenieus!
geen lawaai, geen stank.

← de heen en weer zwiepende boom houdt het pallenwiel altijd in beweging.

aangesloten op het pallenwiel, dat de heen en weer gaande beweging omzet in een éénrichtingsdraai
de Pletmachine →

de boom ± 25 m. hoog.
de katrollen zijn in werkelijkheid natuurlijk veel en veel kleiner
↙ ongeveer 12 mm.

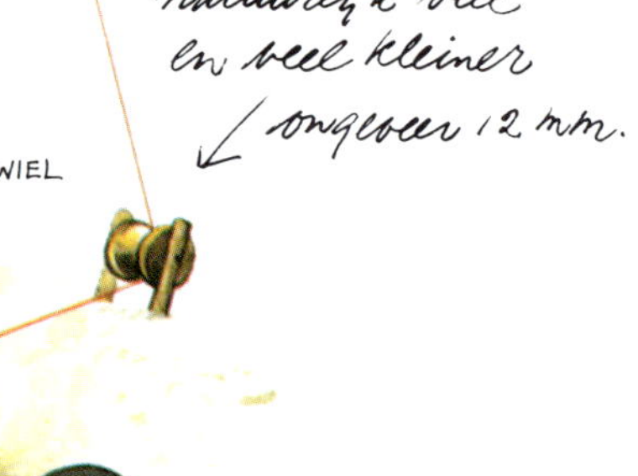

PALLENWIEL
PENNENWIEL
PLETHAMERS
voor het pletten van boomschors
en olie-houdende zaden.

door dezelfde zwiep energie aangedreven:

de Molen

voor het malen van graan
of eikels, beukenoten e.d.
en het uitpersen
van vruchten.

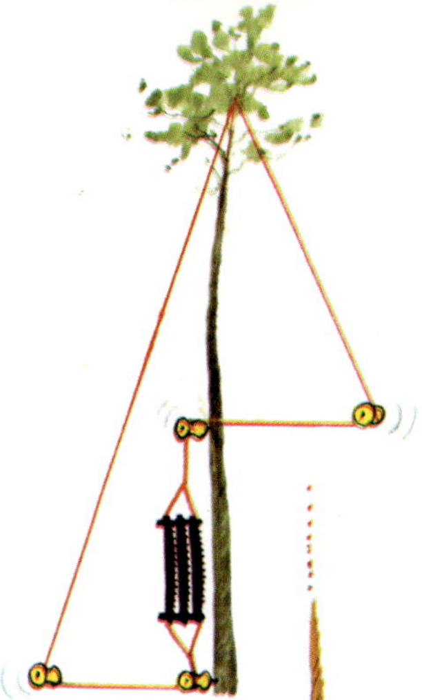

de Plankenzaagmachine.

Evenals Pletmachine en Molen in dichte braambos dekking verborgen.

Onontbeerlijk bij Woningbouw en Huisvlijt!

De mooie, gladde planken verkrijgt de kabouter alleen bij Constant-Stijve bries

(zie de kabouter en het Weer)

Gereedschappen

dubbele handzaag

pistoolgreep handzaag

trekmes
om schors te verwijder

de grote twee-persoons
handzaag

de zaagkuil

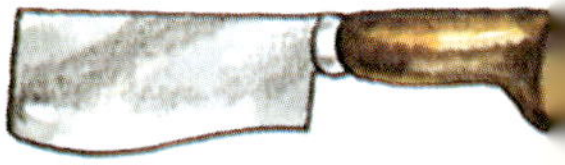

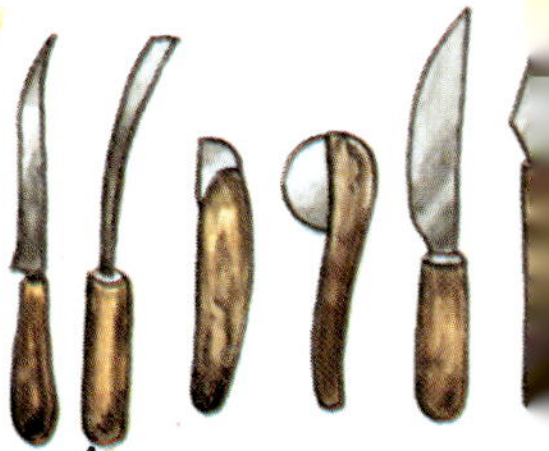

houtsnijmessen

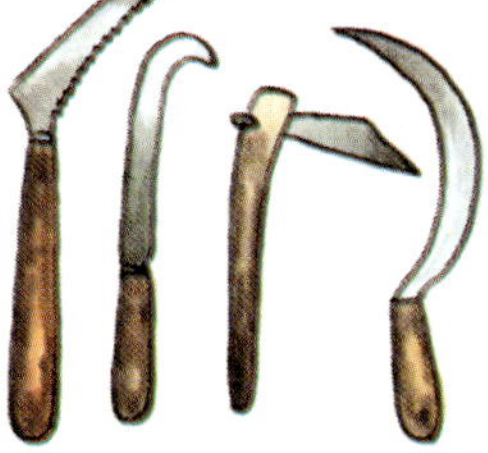

Sikkels

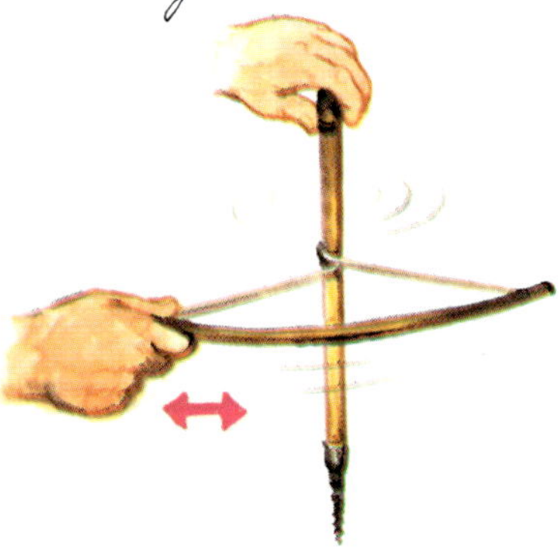

boogboor

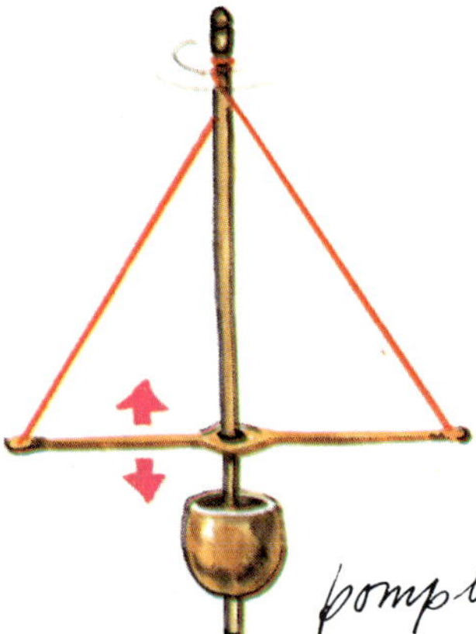

pompboor

Schaar

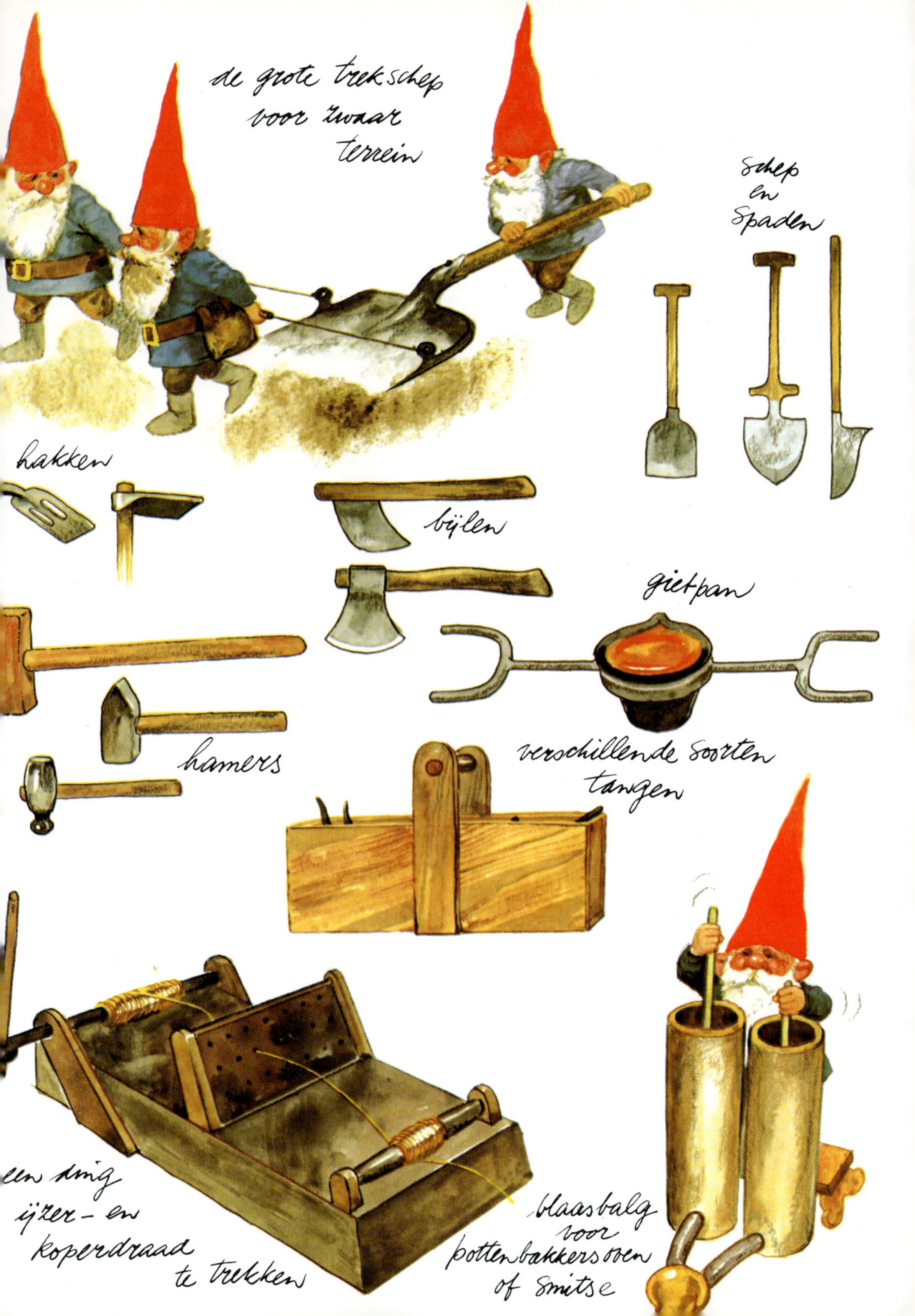
de grote trekschep voor zwaar terrein
schep en spaden
hakken
bijlen
gietpan
hamers
verschillende soorten tangen
een ding ijzer- en koperdraad te trekken
blaasbalg voor pottenbakkersoven of smitse

Handelingen der Kabouters

1

In een klein huisje midden in een duister, uitgestrekt bos woonde een straatarme kolenbrander. Hij had een vrouw en zes kinderen en een pikzwarte kater met één oog om de ratten en muizen buiten de deur te houden. De kinderen moesten twee uur lopen om op school te komen. Om het huisje lag een moestuintje en zelfs een bloementuintje, en in de schuur huisden twee magere geiten en een varken.

Maar toch konden ze met hun allen maar nauwelijks van de karige verdiensten van de kolenbrander leven, al ging hij altijd vóór zonsopgang van huis en kwam hij pas na zonsondergang doodmoe thuis en al hadden ze hout genoeg om te stoken en een heldere bergbeek vlakbij.

De vrouw zuchtte vaak tegen de kolenbrander: 'Hoe moeten we al onze kinderen toch groot krijgen?'

En dan haalde de kolenbrander zijn zwartberookte schouders op en zei dat hij niet harder kon werken dan hij al deed en dat was ook zo.

Toen hij op een dag in de avondschemer zijn huis naderde zag hij van verre de kater met een rat in de bek het bos uitkomen. Maar er was iets vreemds: de rat had geen staart. De kolenbrander ging nieuwsgierig naar de kat toe, die onder een struik was gaan zitten en met een kwaad-aardig keelgeluid mauwde toen zijn baas dichterbij kwam. Maar die was niet bang. Hij greep de kat met zijn ene hand bij de staartbasis en drukte met duim en wijsvinger van de andere de wangen van het dier naar binnen zodat hij zijn bek open moest doen en het ding liet vallen.

'Asjemenou!' zei de kolenbrander. Want wat hij opraapte was geen rat maar een kaboutervrouwtje. Ze was dood.

De kolenbrander had wel eens een kabouter gezien maar nog nooit een kaboutervrouwtje. Hij nam haar mee naar binnen en veegde met een vaatdoek een paar druppels bloed van haar wangen en beentjes. Zijn vrouw en kinderen aaiden het dode poppetje en legden het daarna zolang in de vensterbank van het huiskamertje omdat ze in de keuken aardappelen met spekvet gingen eten.

Maar toen ze terugkwamen was het vrouwtje weg.
'Misschien heeft de kat haar weer te pakken' zei de vrouw, maar die zat nog steeds met één boze pupil onder de struik na te mokken.
Ze gaven het zoeken op en gingen naar bed, want iedereen moest weer vroeg uit de veren.
Midden in de nacht werd de kolenbrander wakker. Er werd

zachtjes aan zijn oor getrokken. Naast zijn hoofd stond een kabouter.
'Je hebt mijn vrouw gered' zei hij 'wat kan ik doen om je te belonen?'
'Maar ze was toch dóód!' zei de kolenbrander slaperig.
'Ze hiéld zich alleen maar dood. Ze is gelukkig springlevend, wat schrammen en een paar blauwe plekken, maar die gaan wel over. Zeg maar wat je hebben wilt. Hier is een fluitje. Als je daarop blaast, kom ik terug.' En weg was hij.
De kolenbrander sprak de hele nacht met zijn vrouw en ze besloten te vragen of ze drie wensen mochten doen, net als in een sprookje.

Die avond blies de kolenbrander op het fluitje en na een tijdje verscheen de kabouter.
'Ik wil drie wensen doen' zei de kolenbrander, ietwat besmuikt, terwijl zijn vrouw achter hem het vuur oppookte.
De kabouter keek zuinig, maar hij zei toch:
'Vooruit dan maar, wat is de eerste?'
'Ik wil een klomp goud, om uit de geldzorgen te komen.'
De kabouter schudde zijn hoofd.
'Je kunt hem krijgen, maar goud maakt zelden gelukkig.'
'Kan me niet schelen' zei de kolenbrander.
'En de andere twee wensen?'
'Die hebben we nog niet bedacht.'
'Blaas dan maar weer op het fluitje als je me nodig hebt,' zei de kabouter zuchtend.
De volgende ochtend lag er op de stoep van het huisje een sinaasappel-grote klomp goud te schitteren in de zon. De kolenbrander raapte hem op en juichte:
'We zijn rijk, we zijn rijk!'
En hij holde naar het dorp om er geld voor te krijgen.
Maar niemand in het dorp had ooit baar goud gezien en geen mens wist wat hij er voor geven moest. De smid ried de kolenbrander aan naar een juwelier in de stad te gaan.
De kolenbrander ging meteen op weg. In plaats van de harde weg nam hij een kortere door de moerassen die hij uit zijn jeugd kende. Maar hij liep zo te dansen en naar zijn klomp goud te kijken, dat hij van het pad raakte en plotseling in het moeras begon weg te zakken.
Hij probeerde nog rollend terug te komen naar vaste grond maar het lukte niet. Met de ene hand hield hij zijn klomp goud vertwijfeld vast en met de andere kon hij nog net het fluitje uit zijn zak halen om er op te blazen.
Toen hij al tot zijn hals in de modder stond verscheen de kabouter.
'Haal me er uit!' riep de kolenbrander.
'Dat is dan je tweede wens' zei de kabouter. Hij blies schril en doordringend op zijn vingers en binnen enkele minuten stonden er zes kabouters om hem heen. Ze hakten met hun bijltjes in ijltempo een boom om, die precies naast de kolenbrander in het moeras viel, zodat hij er zich aan kon optrekken en naar het pad terugscharrelen. Toen hij om zich heen keek waren de kabouters verdwenen. De klomp goud had hij nog steeds in zijn hand. Hij vervolgde bemodderd en rillerig zijn weg, maar gaandeweg droogde hij op en kwam zijn moed terug.
In de stad vond hij weldra een juwelier en ging de winkel binnen. De juwelier was een deftige man in een witte jas en met een gouden bril. Hij keek fronsend naar de enorme klomp goud en daarna naar de ontoonbare kleren van de kolenbrander. En nadat hij het goud gewogen had, zei hij de kolenbrander even te wachten. Hij ging naar achteren en waarschuwde de politie. Een half uur daarna zat de kolenbrander op het politie-bureau.
'Zeg nu maar ineens waar je dat goud gestolen hebt,' zei een dikke brigadier vaderlijk.
En hetzelfde zei de commissaris een uur later, heel wat minder vaderlijk.
'Ik heb hem niet gestolen!' riep de kolenbrander wanhopig, 'ik heb hem van een kabouter gekregen.'
'Natuurlijk, van een kaboúter!' zei de commissaris die nog nooit een kabouter gezien had, omdat hij een onaangenaam mens was, 'en in dit land is in geen duizend jaar een korrel goud gevonden, maar dat interesseert meneer hier niet. Opsluiten!'

In de volgende dagen werd de kolenbrander ondervraagd en nog eens ondervraagd en bedreigd en tenslotte door een dokter onderzocht, maar die kon er ook niets van maken, behalve dan dat de man over kabouters bleef bazelen. En al die mensen hadden nog nooit een kabouter gezien omdat ze allemaal lelijk van binnen waren. Intussen lag de klomp goud in de gemeentebrandkast. De kolenbrander werd er na een week zo beroerd van dat hij 's nachts op het fluitje blies. Het duurde twee uur voor de kabouter verscheen.
'Mijn vrouw en kinderen verhongeren,' zei de kolenbrander, 'ik wil er uit'.
'Dat is dan je derde wens' zei de kabouter. 'Eigenlijk zijn het er twee, want voor je vrouw en kinderen heb ik al gezorgd.' Hij ging die nacht naar een advocaat in de stad, die een huiskabouter had en sprak met hem. De volgende dag ging de advocaat naar de politie en wist gedaan te krijgen dat de kolenbrander werd vrijgelaten bij gebrek aan bewijs. Maar het goud bleef voorlopig in verzekerde bewaring, tot er ergens aangifte van diefstal gedaan zou worden.
De kolenbrander ging verheugd weer aan het werk. Het bos had hem nog nooit zo ruim en zo vrij geleken na de bedompte gevangeniscel in de stad, en hij was tevreden en gelukkig, al dacht hij nog vaak aan het goud.

Op allerlei manieren ging het hem van toen af aan beter. Eerst kwam er een rijke buitenlander die al de houtskool van het bos voor dubbele prijzen opkocht. Daarná vroeg dezelfde man aan de kolenbrander of hij bij hem opzichter wilde worden. De kolenbrander kreeg een vrolijk huis aan de rand van het dorp, vlak bij de school. Hij verdiende veel meer dan vroeger en zijn zorgen waren voorbij.
Een paar maanden later kwam hij in het bos de kabouter tegen. 'En?' vroeg die 'heb je je goud al terug?'
'Nog niet' zei de kolenbrander 'het schijnt in dit land een misdaad te zijn om goud te bezitten. Maar zónder goud ben ik nu ook uit de zorgen.'
'Zo zie je maar' zei de kabouter. En hij verdween in het struikgewas.

Handelingen der Kabouters

2

In het duistere balkenstelsel van een molen in Noord-Holland woonde een kabouterfamilie. De molenaar kende hen heel goed. Hij had één keer zelfs het vrouwtje nog net onbeschadigd uit de tanden van de onderbonkelaar weten te halen. Bovendien zette hij altijd melk en gemalen graan voor hen neer. In ruil daarvoor pasten de kabouters op dat er geen brand kwam en voorspelden ze storm of noodweer, zodat de molenaar de wieken van de molen kon vastzetten, want als dat niet op tijd gebeurt, slaan ze op hol en komt er zéker brand.
Als er iemand van de molenaarsfamilie ziek was kwam de kabouter kijken, legde een héél klein, rimpelig handje op en liet geneeskrachtige kruiden achter, waarna de ziekte meestal gauw verholpen was.
Kortom, het ging goed in de molen, niet alleen lichamelijk maar ook geldelijk. Dat laatste kwam natuurlijk omdat de molenaar en zijn vrouw hardwerkende, lang niet domme mensen waren en lieve kinderen hadden.
Maar in sommige huizen in de buurt woonden niet zulke slimme en aanzienlijk luiere lieden, met vrouwen die een gat in haar hand hadden. En uit dat soort huizen kwam he gerucht in de wereld dat de molenaar aan zwarte kunst deed en dat het hem daarom zo goed ging en als dat soort praatjes in die ver verleden tijden vaste voet kreeg kon da soms voor de betrokkene heel vervelende gevolgen hebben.
Maar de grote en kleine boeren uit de omtrek trokken er zich niets van aan, ze wisten wel beter en een enkeling ha trouwens zelf een kabouter.
In een van die roddelhuisjes woonde een meisje van elf jaar met stro-gele vlechten. Het was haast niet te geloven dat zij de dochter van zulke bekrompen en domme ouders

vas, zoiets gebeurt vaker. Ze wist alles van dieren en
›lanten, ze was lief en geduldig en je kon zien dat ze later
ıeel mooi zou worden. En ze kon ook nog tamelijk goed met
:lei boetseren. Ze hoorde al die verhalen in het gehucht mee
ıan, maar voor haar was het vanzelfsprekend dat er alleen
naar kabouters in de molen woonden en dat het met
ıekserij niets te maken had. Ze zou er alles voor gegeven
ıebben om óók een kabouter te hebben, maar die hadden
ot nu toe haar huisje overgeslagen. En daarom boetseerde
e, met hulp van een romantische jonge onderwijzer, op de
›uderwetse dorpsschool, een erg goed gelukte kabouter
'an klei. Een pottenbakker in de buurt was zo vriendelijk
›m hem in zijn oven te bakken, en daarna schilderde ze
ijn puntmuts blauw, zijn kieltje rood en zijn broek en
ıarzen groen en zette hem met een houten kruiwagentje in
ijn handen tussen de bloemen in hun tuintje. Nu had ze
óch een kabouter. Haar ouders spotten er mee, maar ze
durfden de stenen kabouter niet weg te halen of kapot te
maken. De kabouters in de molen hoorden er natuurlijk
van. Ze kwamen kijken en ze waren geroerd. Als beloning
gingen ze voortaan eenmaal in de maand het meisje
's nachts een geschenkje brengen.

En haar liefheid en vastberadenheid hadden met het klimmen van de jaren zo'n invloed op haar ouders, dat die er van de weeromstuit flinker en minder primitief door werden, waardoor ze met wat geluk in betere doen kwamen. Maar de overige dommerds begrepen dát weer verkeerd en zeiden tegen elkaar:

'Je moet een stenen kabouter in je tuin zetten, dan word je rijk!'

Wat natuurlijk klinkklare onzin is, maar zulke ideeën zijn hardnekkig en sindsdien is het gebruik ontstaan om er in sommige tuinen een stenen kabouter, met of zonder kruiwagen, op na te houden.

Handelingen der Kabouters

3

De boerderij lag op een terp tegen de eindeloze dijk. Daarvoorbij was er ten zuiden van de rivier niets meer, behalve uitgestrekte riet- en graslanden met kleine poelen zo ver het oog reikte, waar volmaakte eenzaamheid heerste.
Er zaten veel hazen, patrijzen, eenden, wulpen, fazanten, scholeksters, grutto's, ganzen, talingen, zwanen, koeten en zelfs een otter.
In het dak van de boerderij woonde een kabouterfamilie. Al bij het begin van de winter hadden vader kabouter en zijn beide tachtigjarige zonen de hazen gewaarschuwd dat er uitzonderlijk hoog water zou komen en dat ze moesten verhuizen. Maar de hazen keken hen met hun grote nachtogen onnozel aan, sloegen de raad in de wind en gingen door met zorgeloos rondhollen, achter de wijfjes aanzitten en hun oren poetsen.
Eind februari begon het water te stijgen. Het regende dagen achter elkaar en de mensen waren gedwongen stroomopwaarts een overlaat naar de riet- en graslanden te maken. Dorre rietkragen en kurkdroge bramenwallen stonden van de ene dag op de andere onder water. Er war

waarachtig in de kille legers hier en daar al jonge haasjes en die verdronken het eerst. Alles wat vleugels had kon zich redden. De volwassen hazen werden naar hoger gelegen plaatsen teruggedreven, maar als die ook blank kwamen te staan, raakten ze in paniek en verdronken nodeloos, want hazen kunnen zoals alle viervoeters heel goed zwemmen.
Tenslotte was het hele gebied één spiegelende vlakte met hier en daar een boomkruin en wat rietpluimen of struikpunten. En het water steeg nog steeds. Het zou de hoogste stand in acht-en-twintig jaar worden.
Een kilometer uit de dijk lag een van nature wat hoger stuk land, de Bezemsteel genoemd, omdat er vroeger heksen gewoond zouden hebben. Daarop waren acht hazen bij elkaar gekropen, het restant van misschien wel tweehonderd. Er was geen dekking tegen de ijzige wind, noch tegen roversogen.
De kabouters werden door watervogels gewaarschuwd. Ze begrepen dat ze de mens er buiten moesten laten, want er was een knecht met een jachtgeweer op de boerderij.

Ze hadden het geluk dat ze die avond een losgeslagen planken hek zagen drijven. Het water stond al tot aan de dijk. Ze sjorden het hek half aan land, verzwaarden het aan de onderkant met balken en drijfhout en om drie uur in de nacht rees het hoog genoeg uit het water om een flink gewicht te kunnen dragen. De kabouters sleepten het door het water een heel eind langs de voet van de dijk, tot aan een punt vanwaar de harde Noordwester in rechte lij naar het hazeneiland blies, sprongen aan boord en lieten zich met de wind meevoeren. Het was bitter koud op het kale vlot en ze voelden zich eenzaam temidden van de donkere, woelige elementen. Om warm te blijven roeiden ze met een losse plank zoveel mogelijk mee, want het log vlot ging bovendien tergend langzaam.

Maar tweëeneenhalf uur later waren ze toch op de Bezemsteel. De hazen waren nat en hongerig en nerveus. Het kostte de grootste moeite om hen mee te krijgen. Ze renden schichtig haken-slaande rond en durfden niet op het vlot te springen. Iedere keer als ze er al met één poot op waren, deinsden ze terug en gingen aan de andere kant van het eiland in elkaar gedoken zitten bibberen.
Het regende onafgebroken en de wind zweepte bovendien aan één stuk door schuim- en druppelvlagen over kabouters en dieren heen. Maar tenslotte bulderde vader kabouter boven alles uit dat ze nu op moesten schieten omdat de Bezemsteel nog hoogstens een paar uur boven water zou blijven en toen gingen ze, als eerste een oude moer. En toen de anderen dat zagen, volgden ze, met als hekkesluiter een door tics verzenuwde rammelaar.
Het was onmogelijk het zware vlot tegen de wind op terug te roeien, de Noordwester was trouwens aangegroeid tot een storm en daarom zat er niets anders op dan het vlot naar de andere kant van het eiland te zeulen en het daar weer met de wind mee te laten drijven, in de hoop ergens land te bereiken. Het was een onzeker plan, maar het moest. De hazen zelf boden geen steun. Ze zaten verlamd van angst te rillen, met rolronde pupillen.

Gelukkig bleek de vaart van het vlot spoedig sneller te zijn dan tevoren, door de storm en door de acht windvangende hazelijven aan dek.
Langzaam verdween de Bezemsteel uit het zicht. In de verte twinkelde het kleiner en kleiner wordende licht van de boerderij aan de dijk, waar veiligheid was en warmte. Rondom lag de onafzienbare, zwarte watervlakte met kruivende golfkoppen. De wind huilde. De kabouters stonden bij elkaar en keken zorgelijk naar de lijn waar horizon en lucht tot een duistere massa versmolten. Iedereen was doorweekt en steenkoud.

Maar uren later, toen het al licht begon te worden, doemde er land voor hen op. Het vlot dreef tegen de voet van een braakliggende verkeersdijk in aanbouw. Het was een brede, veilige zandwal die naar beide kanten in de verre eenzaamheid wegliep en waar al veel gras- en onkruidplekken op waren. De hazen wipten opgelucht van het vlot en gingen er stijfjes vandoor, telkens stilhoudend om met grote schrikogen het nieuwe terrein te verkennen. Uit deze acht zouden weer nieuwe geboren worden, die zouden teruggaan om de streek te herbevolken.
De kabouters oriënteerden zich spoedig op hun geheime kaarten en stippelden de terugroute naar de boerderij uit. Het moest bij daglicht gebeuren want er was geen schuilplaats of ander kabouterhuis om de avond af te wachten. Niemand zag de kleine, zich snel voortbewegende mannetjes op hun tocht van bijna dertig kilometer, ook niet als ze langs boerderijen of huizen slopen, want daar hadden ze hun technieken voor. Gelukkig hing er een laag somber wolkendek en regende het bij tijden.
In de middag waren ze thuis, namen een gigantisch maal tot zich en sliepen twaalf uur aan één stuk onder de behaaglijkste dekens van de wereld.

Handelingen der Kabouters

4

In Charkow vertellen de mensen elkaar graag deze geschiedenis. Even buiten hun stad woonde Tatjana Kirillowna Roeslanowa. Ze was zeventig jaar, maar ze had nog een mooie rechte neus en glanzend wit, in het midden gescheiden haar. Ze was door de Geheime Politie zonder middelen uit Moskou verbannen en haar man was dood. Niemand mocht haar in dienst nemen en om in haar levensonderhoud te voorzien had ze met geld van stille vrienden een koe gekocht. Daarmee deed ze iets wat de Sowjet-autoriteiten niet gaarne zien, maar noodgedwongen moeten toelaten: ze voorzag tien huizen in de buitenwijken van melk, waar mensen woonden die het anders heel ver moesten gaan halen en het zeker niet zó vers konden krijgen. Ze woonde in een schuurtje middenin een klein groentetuintje en ze ging hele dagen uit om de koe aan een touw in het bermgras van de wegen te laten grazen.

Van zulke één-koe-bedrijven zijn er in Rusland honderdduizenden; de economische betekenis ervan is zo groot dat de regering ze niet met geweld durft op te ruimen.

Zo weidde Tatjana haar koe en liefkoosde haar en hield haar 's nachts bij zich in een hoek van het schuurtje boven een afvoergoot, tegenover de hoek waar de Ikonen achter een zwarte doek verborgen waren. Die had zij ongezien uit haar grote huis in Moskou mee kunnen nemen en ze bad e[r] altijd voor. De koe gaf ruim twintig liter melk per dag, maar dan was er de periode van zes weken dat ze droog stond omdat ze een kalf moest krijgen (ze werd ieder jaar gedekt door de stier van een medelijdende boer die iets meer durfde dan de rest) en dat moest allemaal meegerekend worden om over het hele jaar genomen genoeg te verdienen om in leven te blijven. Tatjana was vroeger een deftige dame geweest, maar ze schikte zich in haar lot en ze maakte ervan wat ze kon. Hoewel ze altijd andere wegen nam om telkens het beste gras voor haar koe te hebben, kwam ze op de weg terug, niet ver van huis, iedere dag langs een dicht elzenbosje met een paar grote overwoekerde zwerfkeien er middenin. Onder die keien woonde een dubbele kabouterfamilie met bijna volwassen kinderen. En iedere dag hield Tatjana bij het bosje stil, haalde onder een struik een kunstig gebakken kruikje ter grootte van een half jampotje te voorschijn, vulde het met een paar ferme sprietsen uit de uier van haar koe en zette het terug, iedere dag, of het nu schroeiende Russische zomerhitte was, of bijtende kou, of sneeuw, of mist en regen. En altijd stond het geheimzinnig beschilderde kruikje de volgende dag, keurig schoon, weer leeg klaar.

Maar op een avond, toen ze de kleine luiken van haar schuur rondom dichtmaakte, gleed Tatjana uit en brak haar enkel. Ze sleepte zich nog naar binnen maar toen kon ze ook niets meer. De volgende dag molk ze haar koe, maar tegen de avond loeide het dier van de honger, ofschoon Tatjana haar al het brood opvoerde dat ze in huis had. De dag daarna stopte er een ziekenauto voor de deur. Een van haar klanten had de Gezondheidsdienst gewaarschuwd. Een knorrige arts onderzocht de enkel vluchtig en nam haar, met behulp van een broeder, ineens mee naar het ziekenhuis. Ze smeekte de mannen om iets voor haar koe te doen, maar ze haalden hun schouders op en reden weg. Niemand van de buren deed iets uit angst voor de politie.
In het ziekenhuis huilde Tatjana om haar koe. Iedereen aan wie ze om hulp vroeg schudde zijn hoofd of haalde zijn schouders op. Haar enkel moest in het gips en ze hielden haar acht weken vast, want het was een gecompliceerd

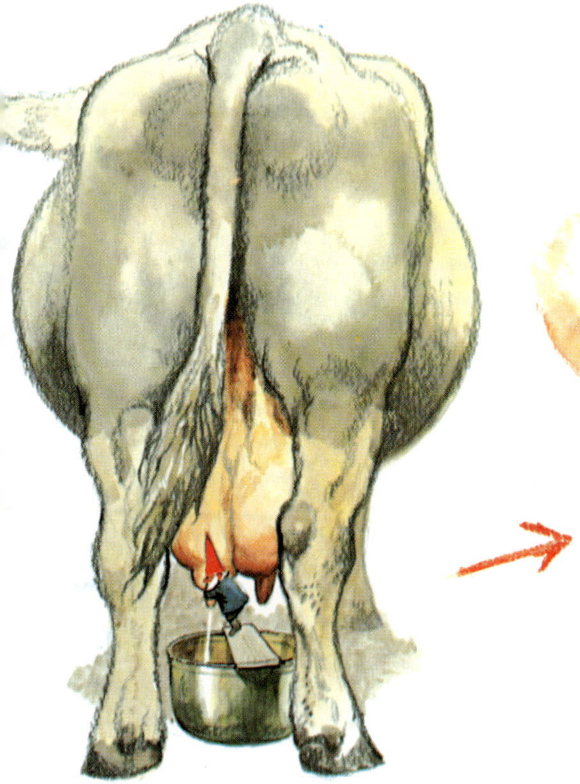

Melkende kabouter

geval. Ze piekerde zich suf over haar koe, maar na een paar dagen bereikten haar de geruchten over de gebeurtenissen thuis. Zodra de zon van de tweede dag ondergegaan was ging de deur van het schuurtje open, de koe liep naar buiten en volgde zonder touw een kabouter die haar naar de beste weideplaatsen langs de wegen voerde. Tegen de ochtend kwam ze terug. Inmiddels waren alle lege melkpannetjes langs de huizen die Tatjana vroeger bediende opgehaald, mét het vooruitbetaalde geld voor de melk. In het schuurtje werd de koe door twee sterke kabouters gemolken en juist vóór zonsopgang waren alle pannetjes weer vol op hun adres terug.
En toen Tatjana na acht weken en twee dagen met loopgips haar schuurtje binnenstrompelde, huilde ze opnieuw, maar nu van blijdschap en dankbaarheid. Dáár stond de koe, blakend van gezondheid, en dáár lag naast de oude Samovar op de houten tafel het geldbedrag voor de melk over acht weken en twee dagen.

Maar toen ze die avond naar bed ging, met het plan om de volgende ochtend met haar gips langs de weg te gaan stumperen, vroeg ze zich toch zorgelijk af of ze wel weer zo ver zou kunnen lopen.
'Dat hoeft ook niet' zei een stem achter haar.
En toen ze zich omdraaide stonden daar vijf kabouters achter haar schamele ledikant.
'Wij komen de koe halen' zei de oudste, terwijl hij kritisch naar haar gipsbeen keek, 'er is geen sprake van dat u de eerste tijd zo ver van huis kunt. U gaat nu slapen en wij zorgen voor de rest. Over zes weken zien we verder. U vindt het zeker wel goed dat we het kruikje bij ons huis zelf blijven vullen?'
En terstond holden de anderen weg om de lege melkpannetjes te halen, die de mensen 's avonds hadden leren klaarzetten, terwijl de oude kabouter met korte keelgeluiden de koe mee de straat op nam.

Handelingen der Kabouters

5

Een bos- en heidebrand in een periode van langdurige droogte is voor mensen, dieren, kabouters en natuurschoon rampzalig, dat weet iedereen.
Maar niet iedereen weet dat er veel meer vuurhaarden zijn dan die welke uitlopen in een grote brand. Jachtopzichters en boswachters vinden herhaaldelijk plekken waar een klein brandje gewoed heeft dat op mysterieuze wijze gedoofd is, soms vlak tegen een uiterst brandbaar stuk hei of bos aan.
Hoe de kabouters dit doen is niet zeker. Soms door een kleine tegenbrand te ontsteken (prairie-methode), soms door pijlsnel een onderaards waterstroompje aan te boren en het water op te pompen, maar verder weten we er niets van.

Handelingen der Kabouters

6

e oude schrijver voelde zijn einde naderen. Hij woonde
ı de buurt van het Noorse Lillehammer langs een berg-
elling in een lage hut met wanden vol boeken. Tegen het
rede raam dat over het hele dal uitkeek stond een grote
ıfel met papieren, bundels, tijdschriften, inktpotten,
ennen, kaarsen en nog meer boeken op slordige stapels.
egen zonsondergang kwam de schrijver uit bed en ging
an de tafel zitten. Hij keek uit over het vredige dal met het
eer in de verte en bedacht hoe rustig hij hier al die jaren
ewoond had en hoeveel boeken hij had geschreven
ı dat het nu allemaal gauw voorbij zou zijn.
ie avond wipte er een kabouter op tafel en ging met
ekruiste benen tegenover hem zitten en dat gaf de
chrijver een gelukkig gevoel.
'ertel me nog één verhaal,' zei hij tegen de bejaarde
abouter, die juist met twee handen zijn zilveren horloge
ptilde en tegen zijn oor hield, 'ik kan zelf niets meer
edenken, ik ben te oud.'
k weet er geen meer,' zei de kabouter, 'je hebt alle verhalen
t dit land al opgeschreven. Je bent er rijk van geworden!'
Jog ééntje. Mijn handen zijn zo moe dat ik al haast niet
eer schrijven kan.' Maar de schrijver trok toch een
otlood en een bloknootje naar zich toe.
Ju goed dan' zei de kabouter. Hij ging verzitten en staarde
aar buiten. 'Zie je daar in de verte die grote treurwilg aan
e rand van het meer? De punten van zijn takken hangen
tijd in het water. Ik zal je vertellen hoe die daar komt.

Lang geleden verwisselden bergtrollen hun dochtertje met dat van een rijke boer. De ongelukkige ouders konden maar niet begrijpen dat hun kind plotseling zo'n bruine huid en zulke stekende zwarte krentoogjes had. Maar diep in het bos vergaapten de trollen zich aan de blauwe ogen en het blonde haar en het zachte huidje van het gestolen kind, en ze deden een bonkige rondedans van vreugde.
Het trollekind groeide op tot een donkere wildebras die alleen maar stoutigheid en lelijke dingen deed, en die van niemand echt hield. Op een dag liep ze weg, het bos in en van haar is nooit meer iets vernomen.
Maar in het bos werd het boerenmeisje met het jaar mooier en liever, ondanks alle ruwe en grove dingen die ze om zich heen zag. Toen ze zeventien was werd ze op een avond ontdekt door Olav, een sterke boerenknecht. Hij sliep onder mij in de stal van een boerderij achterin het dal. Hij bracht een paar verdwaalde koeien van een hoge bergwei voor de winter naar beneden en zag het meisje de grond buiten de trolleheuvel aanvegen onder bewaking van een oude trollenmoeder. Het was al schemerig maar Olav dacht dat hij nog nooit zo iets moois en lichts gezien had. Hij was twintig jaar en hij werd onmiddellijk verliefd, maar toen hij dichterbij kwam rukte de trollevrouw het meisje naar binnen en gooide de poort van de heuvel op slot.
In de stal vroeg Olav mij om hulp en nog diezelfde nacht gingen we op pad. Uit de trolleheuvel zagen we een stroompje water te voorschijn komen; dat loopt in ieder

trollehol midden door de woonruimte en daar drinken ze uit. Met de wichelroede zocht ik aan de andere kant van de heuvel de ondergrondse bron van het stroompje en samen groeven we een gat. Toen we op water stieten zette Olav mij in een klomp en zo dreef ik ondergronds het bedompte trollehol binnen. Ik verstopte mijzelf en de klomp in een donkere hoek en wachtte tot de trollen weg zouden gaan voor hun nachtelijke wandaden in het bos. Ze sloten het meisje in een zijhol op en gingen daarna weg met alleen de grendel op de hoofdpoort. Wij bleven in het sombere, stinkende hol achter.

Toen ze verdwenen waren, bevrijdde ik het meisje en zei tegen haar: 'Jij bent geen trollekind! Buiten staat iemand die beter bij je past.'

Ze keek erg verwonderd en aarzelde, maar ze ging toch mee. En buiten zag ze de blonde reus Olav en werd net zo verliefd op hem als hij op haar. Met ons drieën holden we naar huis. Maar we waren diep in het bos en lang voor we er uit konden komen hadden de trollen in de gaten dat ze bestolen waren. Ze haalden ons in, sloegen Olav bont en blauw en namen het meisje mee terug. Ik kon niets doen.

Maar een week later probeerden we het opnieuw. Nu had Olav een paard van de boer meegenomen. Weer dreef ik langs het onderaardse stroompje het hol binnen. Ditmaal hadden de trollen hun oude moeder achtergelaten om op te letten dat het meisje niet gestolen zou worden. Maar toen de trol bij het klaarmaken van een kom pap zich even omdraaide gooide ik er een flinke scheut opium in. Tien minuten later snurkte ze als een os. Ik had het meisje een teken gegeven dat zij niet van de pap moest eten.

Weer holden we door het bos naar huis. Op het paard ging het wel veel sneller, maar de trollen grepen ons toch nog juist aan de rand. Ze sloegen Olav half dood en namen het meisje mee en het paard natuurlijk ook. Er was niets tegen te doen, hoe sterk Olav ook was. De trollen waren sterker.

Drie weken daarna sneeuwde het. Dit keer had ik twee rendieren kunnen overhalen met ons mee te gaan. Toen ik in het hol was moest ik de halve nacht wachten, want nu hielden de trollemoeder én de trollevader de wacht. Maar op het laatst kreeg ik toch kans zoveel opium door hun pap te doen dat ze in slaap vielen.

De rendieren brachten ons op een kleine slee snel en langs geheime omwegen naar het meer. De trollen zaten achter ons aan, maar in de sneeuwstorm lukte het ons om de rand van het meer te halen. Ik wist een oude vissersboot te liggen en ook die vonden we zonder dat de trollen ons konden grijpen. We haakten de slee af, bedankten de rendieren en stuurden ze terug naar hun kudde. Het meer was nog niet dichtgevroren. Het meisje en Olav gingen haastig in de boot en ik ski-de langs de oever naar huis terug. Mij kon niets gebeuren. Trollen hebben buiten hun hol geen macht over ons. Het was kort voor zonsopgang.

De laatste sneeuwvlokken vielen, de hemel brak open en kleurde zich in het Oosten in een brede band geel en rose. Toen het bootje al een heel eind het meer op was bereikten de trollen de aanlegsteiger. Ze brulden en tierden, maar Olav roeide met grote slagen naar deze kant en ze konden hen niet meer grijpen. Veel tijd hadden ze trouwens niet

meer. Als de zon hen zou beschijnen zouden ze in stenen klompen veranderen. De sterkste trol raapte een reusachtig rotsblok op en slingerde het naar de vluchtelingen. Het rotsblok raakte de boot niet, maar het viel er wel zo dicht bij in het water dat hij omsloeg. In de zuiging werd het meisje naar de diepte getrokken en verdronk. Olav dook nog urenlang naar haar, maar hij kon haar niet meer redden.

Diepbedroefd zwom hij tenslotte naar de kant.
En sindsdien was hij ontroostbaar. Iedere dag ging hij naar de oever van het meer en stond urenlang op één plaats in het water te staren. Nooit heeft hij meer naar een ander meisje gekeken.
Ook toen hij oud was en niet meer hoefde te werken, keerde hij telkens naar dezelfde plek terug. Op het laatst stond hij er de hele dag. En uit zijn hoofd groeiden takken

en uit zijn voeten wortels. En toen stond hij daar voor altijd.
Het is de treurwilg die je daar nu nog ziet staan. Zijn takken voelen in het water of ze daar het meisje misschien kunnen vinden.
De kabouter keek om. De oude schrijver was stil geworden. Zijn spierwitte hoofd hing diep over het bloknootje op tafel. Hij was dood.
De kabouter glimlachte en liep naar hem toe. Hij drukte de oogleden van de gestorvene dicht en las wat er op het papier stond. De laatste woorden waren: 'En toen stond hij daar voor altijd.' En de kabouter trok het bloknootje onder het oude hoofd weg, maakte voorzichtig het potlood uit de stramme vingers los en schreef de laatste zinnen van deze historie op.

Handelingen der Kabouters

7

Ten Noordwesten van Vastervik in Zweden, waar de weg zich splitst en de grote elandwouden beginnen, staat een half ingestort kerkje. Op het kerkhofje zijn nog enkele overwoekerde grafzerken te vinden. Na wegkrabben van het mos kan men op één daarvan de volgende woorden onderscheiden:

Hier Rust
SIGURD LARSSON
geboren 24e van Hooimaand 1497
gestorven 30e van Zomermaand 1550

Alleen kabouters weten dat het graf onder de steen nooit een lijk heeft bevat.

Sigurd Larsson was een rijke boer, die immense landerijen bezat en ieder jaar rijker werd. Hij was een slecht mens met een wrede inborst, groot, zwaargebouwd en met een grof gezicht en een harde stem, waarmee hij iedereen en alles overschreeuwde. Hij was meedogenloos tegenover zijn knechten en strafte hen om de minste vergrijpen met de zweep; melkmeisjes werden een nacht buitengesloten of met vuistslagen naar de hooizolders gejaagd. Het was een wonder dat hij nog personeel had, maar als er iemand wegliep zorgde de machtige Larsson ervoor dat hij of zij bij niemand tot in zeer verre omtrek werk kon vinden.
Op de grote boerderij vervulde iedereen zwijgend zijn dagtaak en probeerde de heer des huizes uit de weg te blijven. Er werd allang geen Lucia-lichtfeest meer op dertien December gehouden, nadat de boer eenmaal de kaarsen van de hoofden van de meisjes had gerukt en ze op de grond had vertrapt. Op duivelse manieren probeerde hij weerloze mensen te pesten. Hij verstopte goudstukken en betrapte dan zogenaamd de schuldige. Hij schoof vuil onder een vloerkleed en sleepte nietsvermoedende schoonmaakstertjes daar met de haren bij. Kinderen had hij niet en zijn vrouw was een bleek en schuw wezen geworden, dat altijd zweeg, zeker over het feit dat ze met haar linkeroog nagenoeg niets meer zag na een klap tegen haar hoofd.
Een geliefkoosde bezigheid van Sigurd Larsson was ook om zich vóór zonsopgang in zijn Kupollusthus* te verstoppen en zijn knechten te beloeren als zij op het land werkzaam waren en ze later te straffen als ze naar zijn mening niet hard genoeg gezwoegd hadden.
Maar het diepste genoegen verschafte hem het nalezen en optellen van schuldbekentenissen. Hij had er een kast vol van en ze waren afkomstig van kleine boeren, arme familieleden en naburige dorpelingen. 's Avonds placht hij bij een kaars brieven te schrijven - want hij had van een geestelijke al vroeg lezen en schrijven geleerd - waarin hij de stumpers op de boerderij ontbood om ze tot betaling te dwingen en te sarren en nieuwe schuldbekentenissen met nog hogere rente te laten tekenen.
Zo sleepte het leven op de reusachtige bezitting zich voort: van buiten een vrolijke en fraaie verzameling gebouwen in een machtig golvend land; van binnen droefheid, wrok en somber verdriet. In de stallen, op de delen, in de slaapplaatsen van het personeel werden verwensingen gemompeld en klachten geuit, die alleen zeer vertrouwden mochten horen, want er waren ook nog verklikkers. Een van die vertrouwden was de boerderij-kabouter.
Avond aan avond luisterde hij, dan bij de een dan bij de ander, geduldig naar de opsomming van de ellende en gaf raad waar hij kon. Van tijd tot tijd ging hij 's avonds naar Sigurd Larsson en probeerde iets voor iemand te bepleiten of te verzachten, maar de boer lachte hem uit, als hij hem tenminste niet een inktpot of een kom koffie naar het hoofd wierp.
De kabouter gedroeg zich altijd zeer waardig en zei alleen:
'Wacht maar Sigurd, er komt een tijd, dat jij mij op je knieën om genade zult smeken!'
Dan werd de boer razend en probeerde met een grote sprong de kabouter te grijpen, maar die zorgde ervoor altijd zó te zitten dat hij door een simpele beweging in een muurspleet kon ontsnappen.
De jaren vergingen. En toen begon er heel langzaam in het grote, sterke lichaam van Larsson iets te veranderen. Hij had tijden dat hij zich moe voelde en pijnen in zijn armen en benen bespeurde die hij nooit gekend had. Voorlopig kon hij het wegvloeken en met een ruwe daad bewijzen dat hij nog kracht had, maar in de loop van een paar maanden werd het erger en begon hij mager te worden. Hij liet een chirurgijn komen en nog een en tenslotte een geneesheer en daarna een kruidenmagiër. Maar die wisten het allemaal ook niet, al deden ze gewichtig, zodat hij er alleen een flinke duit lichter van werd.
Na driekwart jaar had hij holle ogen, een ingevallen buik, armen en benen als berkestammetjes en kon hij niet langer dan tien minuten lopen zonder te moeten rusten. Op het laatst reisde hij naar Stockholm en Uppsala, maar de professoren schudden hun hoofd en zeiden dat de wetenschap hier machteloos was.
De kabouter had zich een maand lang niet aan Sigurd vertoond. Op een avond verscheen hij stilletjes, toen de boer mismoedig, maar nog altijd kwaadaardig in zijn geld en schuldbekentenissen rondritselde.
'Sigurd' zei de kabouter 'je gaat dood!'
De boer hief zijn hoofd met een ruk op en staarde het klein mannetje aan. Even overwoog hij hem met een boek dood te gooien, want de kabouter zat nu onbezorgd op de rand van de tafel, maar toen zei hij:
'Wat weet jij daarvan?'
'Alles' zei de kabouter 'ik weet zelfs wat jou mankeert en ik ken het kruid waarmee jij zou kunnen genezen.'
Op hetzelfde moment sprong hij van de tafel en was verdwenen. Een week later kwam hij terug en zei:
'Er knaagt een duivel aan het zenuwstelsel in je lichaam zodat je spieren verdrogen. Ze willen je zeker graag gauw in de hel hebben om je zwarte ziel te roosteren.'
'Wacht!' riep de boer, maar de kabouter was al weg.
Een week daarna kwam hij terug en zei:
'Ik heb een toversap om die duivel de deur uit te jagen. Maar je krijgt het niet.'
Toen de kabouter de derde week terugkwam ging Sigurd Larsson op zijn knieën liggen en smeekte:
'Help me! Ik zal je alles geven wat je wilt.'
Hij was nu zo mager als een skelet en kon nauwelijks van de ene stoel op de andere komen. Maar de kabouter schudde zijn hoofd en zei:
'Het zal een zegen zijn als de wereld van jou verlost wordt. Maar eerst moet je nóg meer lijden.'

Korte tijd later zette de slopende ziekte de raderen van Larssons hart stil, maar niet helemaal.
Op een ochtend werd hij niet meer wakker. De barbier

* Grote, met ramen afgesloten koepel, op een centraal punt in het eigen land staande, waar het week-einde wordt doorgebracht.

kwam en constateerde de dood. De pastoor bad bij het lijk voor Sigurds zielerust. Iedereen haalde verlicht adem. Maar de boer was niet dood. Hij was schijndood. Zijn hart sloeg zo langzaam en zijn ademhaling was zo oppervlakkig dat het aan de aandacht van de barbier ontsnapt was. Maar hij hoorde alles en kon door een spleetje tussen zijn oogleden nog vaag zien. Verder was hij volledig verlamd. Anderhalve dag lang lag hij opgebaard in de sterfkamer en moest hij horen dat de knechts en meiden bij het lijkbezoek vervloekingen tegen hem sisten en zien hoe ze met hun duimen in hun oren grimassen tegen hem maakten.
Op de avond vóór de begrafenis kwam de kabouter bij hem in de kist en zei:
'Hoor je dat geluid in de kamer hiernaast? Dat is je vrouw die met de meesterknecht de kast heeft opengebroken en al je schuldbekentenissen staat te verscheuren.'

De volgende ochtend zag Sigurd met dodelijke angst in zijn nog altijd kloppende hart plotseling het daglicht verdwijnen omdat het deksel op de kist geschroefd werd. En daarna voelde hij het bonken van de lijkwagen. Hij wilde gillen en kloppen, maar hij kon niets. Hij was geheel verlamd. Nog later hoorde hij het doffe neerkletsen van de aardkluiten op de kist, terwijl de stem van de pastoor en het gemompel van de omstanders zwakker en zwakker werden. In Sigurds binnenste steeg de angst tot ongekende hoogten.
Terwijl de doodgraver het graf verder dichtgooide gingen de mensen naar huis en zeiden: 'Het was een grote schurk. Een geluk dat we hem kwijt zijn.'

In het holst van die eerste nacht verzamelden zich acht kabouters rond het graf. Ze groeven met hun razendsnelle schopjes de halve meter grond boven de kist weg en deden het deksel open. De boerderijkabouter goot uit een flesje een paar druppels tussen de blauwwitte lippen van de boer. Die voelde een wonderlijke kracht door zijn lichaam stromen en sloeg zijn oogleden op.
'Dit is het sap dat je genezen kan' zei de boerderijkabouter.

'Vóór we je beter maken, beloof je me dat je nóóit meer hier terug komt! Knipper driemaal met je ogen als je ja zegt.'
Sigurd Larsson deed het. De kabouter goot weer een paa druppels tussen zijn lippen.
'Je zult houthakker worden in een bos tweehonderd kilometer hiervandaan. Beloof het!'
Sigurd gehoorzaamde. Zijn hart begon sneller te slaan, zijn bloed stroomde. Hij kon al een hand optillen.
'Je zult dit sap je hele verdere leven nodig hebben,' zei d kabouter. 'Wij zullen aan onze broeders in het bos vrage om het je éénmaal in de drie weken te geven. Kom dus nooit stiekem terug, want dan ga je wérkelijk dood!'

En daarna goot hij het hele flesje in de mond van de boe leeg. Sigurd kwam wankelend overeind en ging rechtop in de kist staan. Het duizelde hem, hij lééfde weer. Hij stapte uit de grafkuil naar boven en ademde de koele nachtlucht in.
Of het nu door de beneveling van het flesje kwam of do zijn zwakte, dat wist hij later niet meer. Maar een feit is dat hij de volgende nacht aan een houtvuur in een duist bos van Dalarna bij zijn positieven kwam. Allengs herkreeg hij zijn oude kracht en daarna leefde hij nog twintig jaar in bittere armoede voort.

Drie dagen na de begrafenis werd de zerk met het opsch over het graf gelegd. De kabouters hadden het weer nauwkeurig dichtgegooid.
Op de boerderij werd niet meer geslagen en gesard, integendeel, iedereen bloeide op en deed zijn werk met vreugde, beter dan vroeger. De vrouw van Sigurd groeid uit tot een goede meesteres waar men vertrouwen in ha Er werd weer gelachen en de meisjes konden ongestoord het kaarsenfeest van de heilige Lucia vieren en nog vele andere feesten.
Het Kupollusthus werd niet meer gebruikt voor het beloeren van mensen, maar voor vrolijke zaterdagavond en lange zondagen met overvloedige spijzen en dranken

Handelingen der Kabouters

8

Het Noorden van Siberië wordt bedekt door de Taiga, een
jl bos zo groot als half Europa. Er liggen bergketens in die
as in 1926 ontdekt zijn en men vindt er nog regelmatig
ngevroren mammoeten in gave staat. 's Zomers heersen
er tropische temperaturen en myriaden insecten, terwijl het nauwelijks donker wordt en 's winters is er drie uur daglicht bij een temperatuur van 55° C. onder nul, hoewel het Noorderlicht dan van verbluffende schoonheid kan zijn.

Er leven pelsdieren zoals vos, petit-gris-eekhoorn, veelvraat, lynx, nerts, marter, wolf, beer en verder rendieren, reeën en zwaarbehaarde wilde ponies.
En er wonen ook grofgebouwde, harde kabouters met stekende ogen, die niet altijd vriendelijk of goedwillend zijn als hun iets in de weg gelegd wordt. Vooral het plagen van de pelsjagers die voor hun beroep wekenlange wintertochten door de ijzige Taiga maken is geen zeldzaamheid, zoals het sporen verknoeien van wilde dieren, sneeuwverschuivingen maken, oriëntatiepunten weghalen of verplaatsen, misleidende dierengeluiden nabootsen en de dieren zelf met spiegeltjes waarschuwen als de jager ze o het spoor is.
Ten noorden van Oimiakon woonde er een die erger was dan de rest. Het was een reus van een kabouter, blootsvc een-en-twintig en een halve centimeter lang; in een stuk zo groot als de provincie Utrecht sidderde iedereen voor hem.
Als hij merkte dat er jagers in zijn gebied waren, ging hi naar hen toe en eiste zijn tol: de mooiste huid die ze bij

zich hadden. Wanneer ze onwillig waren dreigde hij dat hij hun rendier, waarvan ze voor hun lijfsbehoud afhankelijk waren, ziek zou maken of in een afgrond leiden. Tenslotte werd het de kabouterkoning van dat deel van Siberië te machtig. Er kwam een stroom van klachten bij het hof binnen en deze wildebras moest een lesje hebben. De koning riep een paar wijze oude kabouters bij elkaar en ze vergaderden een dag en een nacht. Toen werd de jongste en slimste er op uitgestuurd. Hij ging eerst naar de wilde ponies en sprak met hun leidhengst. Een uur later zwermden vijftien van de snelste naar het zuiden uit en stelden zich in een halve cirkel van vijftien kilometer op. Zodra een van hen een jager vanuit het zuiden het gebied van de boze kabouter zou zien binnentrekken, moest hij waarschuwen. Middelerwijl draafde de leidhengst met de jonge kabouter naar het roestgebied van een dwergooruil. En vandaar gingen ook zij naar de halve cirkel van ponies, terwijl de uil boven hun hoofden meevloog. Ze moesten tweeëneenhalve dag wachten, maar toen meldde een van de ponies dat er een jager op een rendier naar het noorden ging. De ponies werden bedankt en naar huis gestuurd en de hengst, de uil en de jonge kabouter volgden het spoor van de jager door de sneeuw. Ze wachtten tot hij voor de nacht zijn tent had opgeslagen. Toen kwam de kabouter te voorschijn en sprak met hem. De man wilde graag meewerken om de boze kabouter te straffen, hij had al genoeg ellende over hem gehoord. De leidhengst bracht daarna de kabouter naar het hof terug en dat was dat.

Een dagreis later, toen de jager wederom zijn tent voor de nacht had opgeslagen, verscheen de kwade kabouter en eiste een pels.
'Goed, goed,' zei de jager, 'hier heb je mijn mooiste, een nerts van uitzonderlijke kwaliteit.'
De kabouter gromde, keek achterdochtig bij zoveel bereidwilligheid, maar nam de pels toch aan en verdween er mee in het bos.
Twee dagen later kwam hij toevallig in de schemer weer langs die plek en kijk, daar hing waarachtig nog een schitterende vossenhuid over een tak juist boven de plaats waar de tent gestaan had. De kabouter bleef een vol half uur doodstil op een afstand naar de huid kijken, liep er daarna in grote cirkels driemaal omheen, tuurde en tuurde, maar kon op het laatst toch niets verdachts vinden. De jager moest vergeten hebben een van zijn pelzen uit de boom te halen. Een buitenkansje.
De kabouter zag de dwergooruil niet die een eindje verderop stijf tegen de stam van een dichte spar gedrukt zat en hij begon in de boom te klimmen. Het was een gladde stam zonder zijtakken en hij had armen en benen nodig om zich vast te klemmen. Toen hij halverwege was, maakte de uil zich geluidloos los, zweefde langs de kabouter en griste hem de muts van zijn hoofd. De bestolene raasde en vloekte en liet zich van woede met een bons op de grond vallen, maar het was al te laat: de uil vloog hoog boven de bomen met de muts in zijn klauwen naar het hof.
Het vroor veertig graden en de poolnacht viel de kabouter koud op zijn schedel. Hij kon niets doen dan de kraag van zijn jas hoog over zijn hoofd slaan en maken dat hij thuis kwam. Hij was groen en geel van ergernis en bleef een week binnen. Zijn verknepen vrouwtje had een moeilijke tijd.

Nu zou hij wel een niéuwe muts hebben kunnen maken, zeker met al dat bont in huis, maar een muts is voor een kabouter een onvervangbaar bezit, en hij wilde daarom met alle geweld zijn eigen muts terughebben. Bovendien was hij wel kwaadaardig maar ook lang niet dom. Hij begreep dat er meer achter zat.

Toch duurde het nog tien dagen voor hij de moed kon opbrengen om met twee hoofddoeken van zijn vrouw om naar de koning te gaan. Hij was mager geworden en voelde zich vernederd.
Hij werd koeltjes ontvangen en moest drie uur wachten voor hij tot de koning en de oudsten werd toegelaten. De koning zat op een verhoging. Hij was kleiner dan de binnentredende kabouter, maar straalde een onvoorwaardelijk gezag uit. Voor zijn voeten stond de muts.
'Ik hoop dat je er iets van geleerd hebt, Kostja,' zei hij, 'w zijn geen van allen lieverdjes, maar jouw gedrag liep de spuigaten uit. Je kunt je muts terugkrijgen als je al je pel aan de eerste de beste jager geeft. Begrepen?'
'Begrepen,' mompelde Kostja.
De koning zette zijn voet onder de muts, wipte hem in d armen van Kostja en zei:
'Zet hem buiten maar op. Je kunt gaan.'
De reuzenkabouter voelde zich heel klein. Hij draaide zic om, ging de deur uit, verliet het hof en deed wat hij beloofd had, want kabouters houden zich altijd aan hun woord, of ze nu goed of slecht zijn.

Handelingen der Kabouters

9

Het was eind januari. Er woei een felle noordoostenwind ›n in de nachten daalde het kwik tot dertig graden onder ıul. Alles in veld en bos was stijf bevroren en de ›ezigheden van de kabouters buitenshuis werden tot het ıiterste beperkt, tenzij er iemand uit de nood geholpen noest worden.

n de warme en veilige boomhuizen onder de grond werden pelletjes gedaan en sprookjes verteld. Imp Rogerson wist aast iedere nacht iets te bedenken. Zijn overgrootvader ıad Wartje de Tovergoudsmid nog gekend, die alles kon en lles durfde en hij had de verhalen aan zijn zoon en die veer aan zijn zoon en die weer aan Imp verteld.

Ook deze nacht gingen de moegespeelde dochtertjes aan aders voeten zitten om met grote droomogen te luisteren.

En Imp begon:

Heb ik jullie al verteld hoe Wartje voor de elfen van Thaja ;oud en edelstenen terughaalde die een draak van hun ;eroofd had?'

Ja.'

En ook hoe hij voor een klein mensenmeisje dat op sterven ag het levenskruid op een eiland in Siberië ging plukken, nidden in een meer, dat door een woeste Dinosaurus bewaakt werd?'

'Ja.'

'En ook hoe hij tijdens onweer van de rug van een visarend gleed en midden in het betoverde meer van Warnas viel en door een blinde karper aan land gebracht werd?'

'Ja.'

'En toen de trollen hem gevangen genomen hadden?'

'Nee.'

'Nou dan. Wartje had het heel vaak aan de stok met trollen. Hij was ze altijd te slim af en ze konden zijn bloed wel drinken. Je weet dat Wartje drie huizen had: een in Polen, een in de Ardennen en een in Noorwegen, om alle opdrachten te kunnen uitvoeren. En als hij in Noorwegen was, waren er eeuwig moeilijkheden met jaloerse trollen. Wartje reed op een grote vos, die sneller liep dan de wind. Daarop reisde hij ook in minder dan één nacht met zijn vrouwtje en al zijn gereedschap van het ene huis naar het andere.

Toen hij dan weer eens in Noorwegen was, groeven trollen een hol vlak langs een bergpad dat Wartje vaak gebruikte. Toen hij en zijn vos daar een paar dagen later voorbijkwamen, na een lange vermoeiende nacht, hadden ze

allebei honger. Bij het hol rook de vos zo'n sterke muizenlucht dat hij hals over kop naar binnen stoof. De trollen hadden een heel stel muizen met hun vieze vingers platgeknepen en tegen de wanden fijngewreven om een flinke muizenlucht te krijgen. Vóór Wartje en de vos het beseften zaten ze in de val. Wartje moet wel erg moe geweest zijn om het niet te doorzien. Maar er was niets meer tegen te doen. De trollen brachten hen door een onderaardse gang naar hun eigen hol en daar sloten ze Wartje op in een zijhol achter tralies en de vos legden ze aan een roestige ketting.

'Nu zul je goud voor ons smeden' zeiden ze tegen Wartje 'en je komt nooit meer los.'

En iedere dag duwden ze een klomp gestolen goud door tralies en bevalen:

'Hier maak je een armband van, of een ring, of een ketti

Je krijgt geen hap te eten voor het klaar is.'
En naar de vos gooiden ze een afgekloven bot, als hij tenminste geen trap kreeg in plaats van eten.
Wartje moest wel doen wat ze zeiden, want hij zag geen kans uit te breken en daarbij ook nog zijn arme vos te bevrijden.
De trollen deden de armbanden en de kettingen om hun wanstaltige armen en nekken en worstevingers en ze dansten tussen hun uitwerpselen en etensresten tot het zweet er af droop, waardoor het in het hol nóg ellendiger stonk dan anders.

Toen Wartje twee weken weg was, begon zijn vrouwtje Lisa ongerust te worden. Wartje bleef wel vaker een hele tijd achter elkaar van huis, maar dit werd te gek. Op een nacht ging ze hem zoeken, wat erg moedig van haar was. Ze vroeg aan alle dieren die ze tegenkwam of ze iets van haar man gehoord hadden, maar niemand wist iets. Helemaal op het laatst sprak ze aan de voet van de bergen een rat, die uit het trollehol waar Wartje zat, gevlucht was omdat de stank zelfs de ratten te machtig werd.
'Het lukt je nooit om hem er uit te krijgen,' zei de rat, 'ze grijpen jou er hoogstens bij. Ik kan je alleen vertellen dat ze de sleutel van het zijhol in de derde muurspleet voorbij de stookplaats verstopt hebben. Op de buitenpoort zit niet meer dan een grendel, maar die is te hoog voor jou.'
Het begon al licht te worden. Gelukkig vond Lisa een rotsholletje waar ze net in paste om de dag door te brengen en na te denken.
Toen het avond werd kwam ze te voorschijn met een plan. Ze holde naar huis en was een paar uur later terug met pannen, bedorven eieren, bonen en een paar stukken Duivelsdrek,* dat is een gomhars, waar trollen gek op zijn. Maar ze kunnen het nooit te pakken krijgen omdat het in Perzië groeit. Ze hebben het zo graag vanwege de onverdragelijke lucht. Wartje had er een keer een zak vol van meegenomen voor een boer die slijmhoest en buikkrampen had, want daar helpt het tegen.
Lisa verkleedde zich als tovenaar met een hoge puntmuts over haar eigen muts en een zwarte toga en begon op een rotsplateautje dicht bij het trollehol boven een houtvuurtje haar potje te koken. De kwalijke lucht dreef met de wind mee het hol binnen en al gauw waggelden er twee trollen naar buiten, die hun neus achterna liepen tot ze bij het vrouwtje uitkwamen.
'Wat moet dat hier?' vroegen ze achterdochtig, maar toch een beetje bang voor de kleine tovenaar.
'Niets bijzonders, edele heren,' zei Lisa, 'ik ben een arme tovenaar op doorreis en ik gebruik mijn eenvoudig avondmaal.'
'Hm,' gromden de trollen begerig, 'dat ruikt niet slecht.'
'Wilt u wat proeven?' zei Lisa. 'Alstublieft, één hapje voor ieder, meer heb ik niet.'
De trollen namen een mondvol en ze hadden nog nooit zoiets heerlijks gegeten.
'Ik zie dat u van deze eenvoudige kost geniet,' zei Lisa, 'toevallig ben ik morgen ook nog hier. Komt u dan met uw familie terug. Op hoeveel personen moet ik rekenen?'
'Vijf,' zeiden de trollen, na de hemelse smaak op hun zwarte tongen nog dommer dan anders.
'Goed. Komt u dan vlak na zonsondergang. U kunt uw eigen vuur uit laten gaan, want ik zal voor drie dagen klaar maken. Alleen ben ik er zelf niet bij, want ik heb hier in de buurt nog iets te doen.'
De volgende avond vonden de trollen inderdaad vijf porties eieren, bonen en Duivelsdrek en nog een grote pan extra voor de volgende dagen.

* Ferula Asa Foetida.

Terwijl ze met hun vijven zaten te schransen klom het vrouwtje naar de ingang van hun schoorsteen en liet zich pijlsnel naar beneden zakken. De luie trollen hadden werkelijk het vuur uit laten gaan. Lisa holde naar de derde spleet in de wand, pakte de sleutel en bevrijdde Wartje.
En dié bevrijdde met zijn smeedhamer de vos en daarna ging hij op de rug van de vos staan en duwde de grendel van de buitenpoort omhoog. Daarna gingen ze er vandoor. De vos was stijf vanwege het lange stilliggen en het karige voedsel, zodat ze niet erg hard opschoten. Maar gelukkig konden de trollen zich na het verorberen van de vijf porties niet beheersen en vraten de hele pan er nog bij leeg.
En toen ze luid boerend thuis kwamen, vloekten ze natuurlijk verschrikkelijk, maar er was al zoveel tijd verloren gegaan en ze hadden zulke dikke buiken, dat ze maar niet meer achter de vluchtelingen aangingen. En nu naar bed jullie!'

In het kraakheldere kabouterhuis werden de meisjes in de alkoof gestopt. Moeder ontdekte op het laatste moment nog dat ze een jonge woelmuis mee onder de dekens genomen hadden en zette hem terug in de mand.
De zware wortels van de eik rondom het huis sidderden zachtjes door de harde, ijskoude wind hoog boven in de takken, maar daar diep beneden was het warm en knus en beschut.
Zeker tegen trollen.

Als het deksel van de Mitgifttruhe opengaat, begint er een speeldoos te klinken. Aan deze speeldozen besteedt de kabouter veel aandacht en hij maakt ze van uitstekende kwaliteit, evenals onze voorouders dat deden. In de meeste huizen staat op de melodie een klein heldendicht over de legendarische kabouter Thijm, die tussen 1300 en 1700 geleefd heeft.

Het Lied van Puist

Het is bij kabouters de gewoonte hun w.c. niet met een haakje of schuifje af te sluiten, maar het 'bezet'-teken aan te geven met een speeldoos-melodietje, dat bij het binnentreden via een geheim hendeltje in werking gesteld wordt.
De woorden van de tekst worden er niet bij gezongen, maar als bekend verondersteld. In vele kabouterhuizen zijn zij gecalligrafeerd in een lijstje naast de w.c.-deur opgehangen. Vaak wordt het door de huisgenoten neuriënd meegebromd.

terwijl de speeldoosmelodie
almaar van voren af aan
begint brengt de kabouter
z'n tijd nuttig door

in deze ruimte ontstaan
in de loop der jaren
kunstzinnige voorwerpen
zoals gesneden portretten,
kinderspeelgoed,
van fraai houtsnijwerk
voorzien huisraad e.d.

Het Beletlied

Het Gesprek met Tomte Haroldson

Een van de kabouters met wie wij vaak gesproken hebben is de nu driehonderd-negenenzeventigjarige Tomte Haroldson. Hij woont op de Vlasakkers bij Amersfoort.
Op een koude avond waren wij aan de afronding van dit boek bezig. Het door de uitgever toegestane aantal pagina's hadden we gebruikt. Tegen twaalf uur kwam Tomte onverwacht binnen, wat hij nooit eerder gedaan had. Dat er vanwege het gure weer nergens een raam of deur openstond scheen hem niet gedeerd te hebben.
Hij groette bedaard, afgeleid-vriendelijk, zoals altijd en ging op de ateliertafel zitten. Hij wist blijkbaar dat het einde van het werk in zicht was en kwam poolshoogte nemen, wat onze stemming van tevredenheid aanzienlijk verhoogde. Wij gaven hem jolig een eikeldop met vruchtenwijn en een in drieën gesneden Cashewnoot.
Hij nam een teugje, draaide de dop peinzend tussen zijn vingers rond, keek om zich heen en vroeg:
'Lukt het allemaal?'
'Nou en of,' riepen wij, 'we zijn er zowat doorheen!'
'En precies zoals je het had willen hebben?'
'Het kan altijd beter' zeiden wij schijnheilig.
'Dus je vindt het zélf zó goed?'
'Jazeker, waarom niet?'
'Mag ik eens zien wat het nou geworden is?'
We legden de dikke stapel tekeningen en tekst voor hem neer en lieten hem alles van het begin af zien. Hij bekeek vel na vel zonder een woord te zeggen, stak zo nu en dan een gebiedend handje op omdat hij een afbeelding of zin nauwkeuriger wilde bestuderen en kauwde bedachtzaam stukjes Cashewnoot. Zijn zwijgen begon zo drukkend te werken dat wij elkaar van tijd tot tijd met omlaag-getrokken mondhoeken aankeken.
Om half twee in de nacht was hij er door. Sinds de eerste bladzijde had hij zijn mond niet meer opengedaan, behalve om er noten in te stoppen. Onze onzekerheid groeide. Het was doodstil.
Tomte stak zijn eikeldop uit, die haastig gevuld werd. Hij keek diep in de vruchtenwijn, rook er aan, wees op de stapel en vroeg: 'Is dit het hele boek?'
'Nou ja, nog niet helemaal,' zeiden wij snel, 'we moeten hier en daar nog wat bijvijlen en aanvullen, maar dan leek het ons toch wel een min of meer afgerond geheel.'
Hij keek ons een voor een aan. Er lag een verre wereld achter zijn ogen; maar dat hebben kabouters zo vaak.
'Moet ik begrijpen dat leven en werken van mijn volk voor de eerste maal in de geschiedenis hierin nu volledig opgetekend staat?'
'Ja, zo ongeveer wel,' zeiden wij. Er ging een merkwaardig gezag van het kleine mannetje uit, hoewel hij al die tijd was blijven zitten. Maar ook dat hebben kabouters zo vaak.
Tomte knikte en dronk zijn dop in één teug leeg.
'Dus dit is wat wij jullie te zeggen hebben,' zei hij, dromerig door het raam naar de duisternis buiten starend, 'ik had op méér gehoopt.'
'Hoezo méér? Wat moet er dan nog bij?' vroegen wij onrustig. Onze opgeruimdheid was al lang weg. Tomte scheen het er zelf ook niet makkelijk mee te hebben. Hij kneep zijn handen tussen zijn knieën en zei zonder ons aan te kijken:
'Het is allemaal alleraardigst, prachtige tekeningen, goede verhalen, maar er is iets... verwaarloosd, iets niet herkend. En het ging ons te ver dat dat uit een boek als dit weggelaten zou worden. Wacht, ik zal je eerst eens iets laten zien.'
Hij wipte met één sprong op de grond, rende weg en kwam een minuut later met een in leer gekaft boek terug.
'Mijn geslachtsboek,' zei hij achteloos, 'ik had het zolang buiten verstopt.'
Hij zat alweer op tafel, zette zijn brilletje op en sloeg het boek een eind voorbij het midden open.

Trollen

'We schrijven hierin niet alléén familie-zaken op,' zei hij met een knipoog, 'als je dat vergrootglas neemt, kun je meelezen. Ik heb het van het begin af in jullie taal opgeschreven.'
Hij werd weer ernstig en wees op een jaartal boven aan een bladzijde. 'Ik zal maar een paar grepen doen.
Punt één. De bespieding. Herkennen jullie dit getal?'
Wij knikten zwijgend. Het was het eerste jaar van onze kabouterstudies, toen we nog dachten dat we hen in het geheim observeerden. Tomte sloeg een bladzijde om. Er kwam een kaartje van de provincie Utrecht over twee pagina's te voorschijn, waar al onze hoogzitten en camouflage-hutjes genummerd op stonden aangegeven.
Hij keek ons over zijn brilletje aan.
'Of waren het er meer?'
'Nee.'
Het was lang geleden, maar we wisten het nog als vandaag.
'Kijk, hier staat het: dat jaar driehonderd en twaalf keer bespied.'
We staarden elkaar verbluft aan.
'En jullie dachten dat wij het niét door hadden? Lieve mensen, je kunt met die grote voeten toch niet onopgemerkt door iemands privé-wereld schuifelen? We hoorden zelfs jullie onderdrukte gegrinnik.'
Hij bladerde verder, maar eigenlijk hoefde het niet meer. Wij hadden niet hén betrapt, maar zij ons. Het was beschamend.
'Goed,' zeiden we verslagen, 'dat was het begin, maar later mochten we toch vrij rondkijken?'
Tomte lachte wat verlegen.
'Daarom ben ik vanavond hier. Nou komen we aan punt twee: de teleurstelling. We kregen dóór wat jullie van ons in beeld brachten: oubolligheid, kneuterigheid, technische snufjes, lachertjes. Maar het kon geen kwaad en jullie meenden het eerlijk en daarom gingen we er maar mee door. Als ze onze buitenste schil zo nodig moeten

portretteren, zeiden we tegen elkaar, dan blijven we het spelletje meespelen; misschien worden ze ooit wijs genoe om diepere lagen aan te boren.'
We begonnen te begrijpen waar hij heen wilde. We hadd inderdaad voornamelijk oppervlakkigheden op papier gezet. Hij lachte weer.
'Maar toch kon het zó niet doorgaan, of laten we zeggen eindigen. Daarvoor waren jullie ons te dierbaar geworde en daarom ben ik deze nacht hier, hierheen gestuurd, ma ik wel zeggen.'
Er viel een lange stilte. Het begon ons vaag te schemeren dat we door onze zelfgenoegzaamheid pas aan het begin van de kabouterstudie stonden.
'We vonden het jámmer als jullie het boek zo naar de uitgeverij zouden laten gaan, ik bedoel zonder dat we no een keer samen gepraat hadden. Want nu zijn we aan pu drie toe: de evenwichten. Laat ik zo beginnen: we komen allemaal uit het heelal en de aarde voort - jullie zeggen h zelf: Stof zijt Gij en tot Stof zult Gij wederkeren - en we zullen naar aarde en heelal teruggaan. Maar wíj zijn aan die afkomst trouw gebleven, jullie niet. Onze verbintenis met de aarde berust op harmonie, die van jullie op misbruik, van levende en levenloze stof.'
'Niet door iedereen.'
'Gelukkig niet. Maar als geheel laat de mensheid een spoor van vernieling en uitbuiting na.'
'Zondigen kabouters dan nooit tegen dat evenwicht met de natuur?'
'Nee. De mens holt achter de wereld van morgen aan en vrijwel altijd ten koste van de natuur. De kabouter is in wereld van gisteren tot rust gekomen en is tevreden met wat die te bieden heeft. En daar komt geen verandering meer in; net zo min als er verandering komt in de zalm d al duizenden jaren vanuit het midden der oceanen zijn geboorterivier terugvindt (tenzij jullie het water vergiftig hebben); of in de bij die een honingvondst op vijf kilometer afstand van de korf aan haar mede-arbeidsters uitduidt; of in de duif die duizend kilometer verderop ha doel vindt'
'Dat zijn instincten. Dwalen we nu niet af?'
'Juist niét. Nu komen we aan punt vier: *wij* hebben ons instinct en ons verstand met elkaar in evenwicht gebrach jullie hebben je instinct met je verstand onderdrukt. En dan viert het ónverstand hoogtij. Ik laat de magie er buit anders wordt het voor vandaag te ingewikkeld.'
'Maar wij zijn nu eenmaal mensen. Onze geesten wroete steeds verder, zo zijn we gemaakt. Het instinct krijgt vaa geen kans, omdat het te weinig houvast biedt.'
'Het biedt alleen te weinig houvast als je het onder een stolp zet. Geef me nog maar wat van die wijn.'
'Maar een aanzienlijk aantal mensen hunkert al lang we naar herstel van de natuur in haar oude glorie, óók instinctief.'
'Daarom moeten we op drie manieren verder: herstel va instinct, herstel van evenwicht in de natuur en minder streving naar macht.'
'Waarom haal je dát er bij?'

'Omdat uit zucht naar macht al het andere kwaad op aarde voortkomt, dat weten jullie toch net zo goed als ik? Ik heb het niet over gezag, dat is iets anders.'
'Hebben jullie dan nooit meer een machtsstrijd?'
'Nee. Wij hebben alle machtsprincipes overboord gezet.'
'Dat is in de kaboutermaatschappij natuurlijk veel simpeler, omdat je naaste buurman een halve of een hele kilometer van je vandaan woont.'
'Goed. Maar dat doet aan het grondbeginsel niets af.'
'Bovendien hebben jullie geen overbevolkingsvraagstuk en dan heb je makkelijk praten.'
'Overbevolking is een zaak, die je gezamenlijk moet kunnen regelen, dat hebben wij ook gedaan.'
'Hoort dat allemaal tot de perfecte harmonie die de kabouters bereikt hebben?'
'Ja.'
Hier schenen onze wegen uit elkaar te gaan. Zijn zekerheden waren groter dan de onze, maar hij was dan ook een kabouter. Niettemin had hij op zijn manier gelijk. *Zij* laten zich niet meer meeslepen. Hun wereld is harmonisch en stabiel.
Zoals we daar zaten kruisten twee lijnen zich. De ene liep van een hovaardige één meter tachtig naar vijftien centimeter. En de andere kwam van vierhonderd jaar bezinning naar tachtig jaar beter-weten.
Men zou kunnen opwerpen dat hun wereld eentonig is. Maar dan moet men zich de ontmoeting met een groot, geweidragend hert in een eenzame bosrand voorstellen. Dat is ook al ongetelde eeuwen hetzelfde en iedereen wil het toch telkens weer zien.
Tomte liep met de handen op zijn rug over de tafel heen en weer. 'Punt vijf. Je moet niet denken dat wij de menselijke beschaving - al heeft die dan afschuwelijke hoeveelheden natuurschoon gekost - verachten of de hoogtepunten daarvan niet op waarde weten te schatten, maar we staan er buiten, behalve dan dat er nog steeds bossen tegen de grond moeten. De kloof tussen wat jullie en wij onder VOORUITGANG verstaan is onoverbrugbaar. Aan de andere kant zien we soms over die kloof heen dan toch ook weer dingen gebeuren die zó dom en zó lelijk zijn, dat we alleen maar ons hoofd kunnen schudden. Daarvan heb ik een aantal voorbeelden verzameld.'
Hij pakte het boek weer op, bladerde een eindje verder, maar sloot het toen ineens met een klap, terwijl hij zijn bril in zijn zijtasje liet glijden.
'Voor nu is het te laat' zei hij 'ik heb vóór zonsopgang nog het een en ander te doen.'
Het was inderdaad diep in de nacht.
'Morgenavond, half elf' zei Tomte. Hij wees vrolijk naar onze hoofden. 'Kijk dat nou zitten! Je laat je toch niet ontmoedigen?'
Hij tikte op de stapel boekvellen.
'Het zal heus een erg mooi boek worden. En anders doen wij daar nog wel wat aan. Maak er nog één hoofdstuk bij, om mij een plezier te doen en zet er boven: HOOFDSCHUDDEN DER KABOUTERS.'
Op hetzelfde moment was hij verdwenen.

Hoofdschudden der Kabouters

Al ligt er dan tussen jullie vooruitgang en de onze een afgrond,' zei Tomte de volgende avond, met het boek op zijn knieën in een poppeleunstoel gezeten, 'we vólgen hem wel uit de verte. Hier: Rembrandt Harmenszoon van Rijn, 1606-1669. Mijn broer Olie heeft hem goed gekend. Olie woont onder een oude linde in de tuin van een Amsterdams grachtenhuis. Hij weet zelfs op de zolder van een van die panden daar nog een schilderij van Rembrandt te staan, maar daar gaat het nu niet om. Talloze avonden heeft hij in een duistere hoek van het atelier met de meester staan meetekenen. Hoofdschuddend heeft hij de domheid en de bekrompenheid van zijn opdrachtgevers gezien, zijn verguizing en zijn armoede op het eind. Streek voor streek heeft hij de Nachtwacht zien ontstaan, 4.30 bij 3.65, een nu door jullie bijna uitzinnig bewonderd meesterwerk. Hoofdschuddend en met pijn in zijn hart heeft hij van nabij meegemaakt dat het op alle vier de zijden met de zaag werd ingekort toen het later, na Rembrandts dood, van de Schuttersdoelen naar het Stadhuis werd overgebracht, omdat het daar niet tussen twee deuren paste.
En wat hebben jullie in 1865 met Semmelweisz gedaan? Dacht je dat wij dat niet gehoord hebben? Wat wij al honderden jaren wisten werd dan uiteindelijk door die man ontdekt: dat je een bevalling met schone handen moest doen. Hij is door zijn tegenstanders ronduit doodgepest.'

Tomte schoof zijn brilletje op zijn voorhoofd en keek ons aan. 'Dat bedoelde ik nou gisterenavond.'
'Ja, maar dat weten wij ook wel. Er zijn in de historie onophoudelijk stommiteiten van dat soort begaan. Daar schudden wij ons hoofd ook over.'
Tomte liet zijn bril weer zakken en bladerde verder.
'Het schijnt voor jullie mensen soms moeilijk te zijn om tijdens het leven van een groot man al te zien dat het een groot man is, vooral bij kunstenaars.'
'Dat komt omdat sommige kunstenaars dingen maken, waarvoor niemand rijp is, behalve een kleine kring getrouwen. Pas een of twee generaties later wordt hij dan bejubeld.'
'En intussen is hij vergeten gestorven. Denk maar aan een van jullie grootste componisten. Ik heb het hier uit de eerste hand van Timme Friedel. Timmetje is een kleine, dromerige kabouter die na 1791 uit verdriet van Wenen naar een rotswoning bij Bad Ischl verhuisd is en daar nu nog woont. Ik heb eens iets gehoord over het teruggeven van talenten. Nou, er mag dan onder ons kabouters geen Mozart geweest zijn, die zijn medeschepselen tot tranen van verrukking brengt - of bracht -, omgekeerd vragen wi ons af of de man die zevenmaal zeven talenten ging teruggeven niet een waardiger uitgeleide uit dit leven had kunnen krijgen.
De gesprekken van Mozart met Timme zijn opgeschreven in een boekje, waarvoor jullie kunstgeschiedschrijvers een lief ding zouden willen geven. Timme kon Mozart altijd weer uit een van zijn allersomberste buien halen. Hij hoefde maar te vragen of hij hem les wilde geven op zijn viooltje, waarna Mozart als een kind begon te lachen en e uren de tijd voor nam.
En met tranen in zijn ogen heeft aanhankelijke Timmetje, het daglicht trotserend, de armoedige begrafenisstoet

(11 Florijnen en 56 Kreuzer) in sneeuw en regen gevolgd op die zesde December 1791. Toen bij de begrafenispoort iedereen verder verstek liet gaan vanwege het barre weer, heeft kabouter Timme als enige sterveling doorgezet en hoofdschuddend gezien hoe een haastige doodgraver de kist in een armengraf gooide en een goed heenkomen zocht.'
Tomte deed het boek dicht, maar hield zijn wijsvinger er tussen.
'Voor óns onbegrijpelijk,' zei hij.
'Voor ons ook. Maar jullie kabouters begraven helemaal niemand!'
'Wij hebben er dan ook geen belangrijke gebeurtenis van gemaakt. Wij laten ze gewoon zelf in alle rust gáán.'
Hij sloeg de volgende bladzijde om.
'Wat jullie trouwens aan planten en dieren hebben begaan, is ook met geen pen te beschrijven. Dat de oeros, de eland, de bruine beer, de wolf hier verdwenen zijn is gedeeltelijk aan klimaatveranderingen te wijten. Maar het uitroeien van de bever was zinloos. De laatste bever werd bij Zalk aan de IJssel geschoten, in 1827 en daarna was het uit met deze dierbare vriend, met wie wij de beste verbindingen hadden en die ons geheel vrijwillig een kostbaar soort vet leverde. En als jullie met je verkeer en je vergiften de groene kikker, de vroedmeesterpad, de geelbuikvuurpad ten naastebij uitmoorden, dan zijn dat niet zomaar een paar beestjes weg. Nee, dan zijn er diepgaande evenwichten verstoord, waar wij tientallen jaren werk mee hebben, nog afgezien van de schade die alle vergiften bij tijden aan ons zélf gedaan hebben. Ik zwijg maar over de ellendige stand van de grijpvogels en hun door gifstoffen onbevruchte eieren. Jullie mensen zijn de tegenpool van de natuur geworden, wat zeg ik, de vijanden. Hier: van de 1300

plantensoorten 700 in gevaar; het Vetblad zo goed als uitgestorven. Ik praat niet eens van de zalm, de steur, de houting, de elft, de flint, allemaal verdwenen riviervissen; driekwart van de mensen weet niet eens dat ze ooit bestaan hebben. Je kunt natuurlijk bij toewijzing wel heer en meester over de schepping zijn, maar dat is nog geen reden om als een beest te keer te gaan, hoewel een beest het nog minder hardvochtig zou doen.'

'Dat vinden wij net zo ellendig als jij!'

'Weet ik, weet ik. Ik kanker maar een beetje door. Weet je wat ook zo'n misselijke gewoonte is? Dat uit de auto gooien van honden en katten in het bos. Ik geloof dat de mensen die dat doen op vakantie gaan, zoals jullie dat noemen. Je moest die arme zwervers eens zien. Ze verkommeren en verhongeren op een treurige manier. Een enkele overleeft het en dat wordt dan een stroper, waar niemand veilig voor is.'

Wij haalden onze schouders op en zeiden:

'Die mensen zijn inderdaad schurken, die nooit een huisdier hadden moeten hebben. Maar daar is helaas gee wet tegen.'

Tomte knikte. Hij pakte het resterende deel van het boek in de dikte beet, boog het en liet de bladzijden langs zijn duim terugritsen.

'Hier staat nog genoeg over de verwoestingen op onze goede, mooie wereld, maar we stoppen er mee, anders wordt het vervelend. Alleen nog dit, omdat er altijd ook zoveel van ónze rust door verstoord wordt: hou eens op met oorlog-maken. Ik heb in mijn leven geen vijfentwinti jaar voorbij zien gaan zonder oorlog ergens op aarde. En hoeveel mensen er in de naam van de Allerhoogste over c kling zijn gejaagd is op geen miljoenen meer te schatten. Ziezo, dat is er allemaal uit. En nu gaan we met z'n drieë

een eindje wandelen; ik heb een kleine beloning voor jullie na zoveel jaren hard werken.'

Buiten was de volle maan een handbreed boven de horizon geklommen. De boomtoppen stonden scherp tegen de wolkeloze hemel afgetekend. Het was doodstil, op het gerommel van een verre nachttrein na. Het was zachter dan gisteren en er hing lente in de lucht.
We sloegen een pad naar het zuidoosten in. Hoewel we beiden de omgeving goed kenden, wisten we binnen vijf minuten niet meer waar we waren. Maar Tomte ging met zekere tred voor ons uit en wij volgden hem.
Liepen we een uur? Twee uren? Een etmaal? We kunnen het ons met de beste wil van de wereld niet meer herinneren. Het leek geen gerichte wandeling maar geordend dwalen. De tijd stond stil, de natuur omarmde ons en sloot ons in als een warme zee. We waren gewichtsloos, we hadden geen leeftijd, we wisten alles wat vergeten was. Tomte had ons voor deze nacht de eigenschappen van kabouters gegeven.
We kwamen een vos tegen. Hij bleef nieuwsgierig staan en berook ons zonder vrees. Een drachtige reegeit liet toe dat we haar tussen de oren krabden en over haar knisterende wintervacht streken. Een haas toonde ons trots haar eerste worp van dit jaar. Konijnen onderbraken hun spel niet voor ons. Wij spraken met wilde varkens en een marter.

Wij werden ondervraagd door een uil. Wij keken naar twee eindeloos stoeiende dassen. Wij hoorden de ademhaling van de bomen, het gefluister van de struiken, het gemompel van het mos, wij luisterden naar geheime vertellingen van eeuwen geleden, wij versmolten met iedere levende cel op aarde, wij onderkenden alle dimensies, onze zielen waren in vrede en evenwicht.

Toen de maan begon te verbleken hadden wij een onpeilbare ommegang gemaakt door onbekende maar lichte duisternis. Tomte stak zijn hand op. Wij bleven staan, terwijl hij een heuvel opliep.
'Zo is de natuur als je haar trouw blijft,' zei hij. 'Ik wens jullie het beste. Slitzweitz.'
Hij liep langzaam alleen verder omhoog. In onze harten was weemoed.
Bij een oude den draaide hij zich om en stak andermaal hoog zijn hand op, nu ten afscheid, licht hoofdschuddend maar met een lachje op zijn kleine gezicht en verdween aan de andere kant van de heuvel.
Alles viel weg, als oude muziek die onverwacht afbreekt. Wij waren weer gewone stervelingen. Het schemerde, de zon zou weldra opgaan.
Op dat moment zagen wij waar we waren: op de Vlasakkers, niet meer dan een half uur van huis.

34ste druk, 2001

Illustraties: Rien Poortvliet
Tekst: Wil Huygen

Postbus 97, 3990 DB Houten

www.unieboek.nl

ISBN 90 269 4888 3/CIP
NUGI 921